Der Nichtoptimalweg von A nach B
Nikolas Huperz

Impressum

Geschrieben von Nikolas Huperz, geb. am 11.08.1987 in Attendorn.

Entstanden in den Jahren von 2016 bis 2017.

Alle Rechte vorbehalten.

Copyright: © 2017 Nikolas Huperz

Herstellung und Verlag:

BoD – Books on Demand, Norderstedt

ISBN 978-3-7448-9865-2

Inhalt

Am Küchentisch

Ich schreibe das hier nicht unter einem Baum,
ich schreibe das hier nicht auf einer Wiese,
ich schreibe das hier nicht an einem See,
ich schreibe das hier nicht nur im Frühling.

Ich schreibe das hier auf einen Zettel,
ich schreibe das hier am Küchentisch,
ich schreibe das hier zwischendurch,
ich schreibe das hier mit

mehr oder weniger Leidenschaft.
(Vielleicht so etwas Ähnlichem)

Ich benutze dazu keine Feder,
auch keinen Füller für 19,95 EUR,
ich benutze dazu nur den Stift,
mit dem auch der Einkaufszettel

geschrieben wurde.

Ich werde nicht sagen

... die Welt wäre noch nicht reif dafür;
... sie hätten mich nicht verstanden;
... sie seien nur Banausen;
... sie hätten keine Ahnung;
... es sei eben Geschmackssache.

Ich werde nur sagen:
Das ist das, was ich meine,
also schreibe ich es.

Orientierungslos

stehst du da

in den Häuserschluchten
von Glasige-Augen-Town,
in den schlaffen Schuhen
einer sparsamen Existenz,
weich im Verstand – aktuell
– durch die Vergebung
der nach Trauer riechenden
Tatsache, dass man sich seiner
selbst angenommen hat,
2 Uhr morgens.
Umgeben
von 1000 Möglichkeiten,
drehst du dich im Kreis
und schaust nach oben dabei.
Wie ein Experte,
der die Möglichkeiten abwägt.
Ein lustiger Anblick,
aber vollkommen verständlich,
angesichts der Situation,
die schließlich auch
die anderen umgibt.
Du sonderst dich etwas ab,
versuchst,
nicht allzu sehr aufzufallen,
und so versuchst du,
die Möglichkeiten stattdessen
im Kopf abzuwägen,
und gerätst in Notstand:
Durch das Still-Und-Heimlich-Tun
ist dein Anblick zwar gesichert,
aber deine Orientierung
... uiuiui ...!

Deine Gedanken springen
von einem Punkt zum anderen,
ständiges Vergleichen setzt auch
ständiges Ausprobieren voraus.
Schwierig, vergleichsweise.
Wohin willst du gehen,
wohin kannst du gehen,
welcher Weg wäre lang,
welcher wäre kurz,
welcher ist ehrenhaft?
Du denkst dir:
Irgendetwas ist faul
im Staate Dänemark,
wenn man sich ständig
einredet,
es gäbe mehrere Logiken
und für jedes Thema eine.
So zerrte es dich
von Thema zu Thema
und du fühlst dich verloren
in der aktuellen Häuserschlucht
und du willst sie wechseln,
doch den Mangel an Orientierung
nimmst du mit
und so akzeptierst du die Tragik,
nimmst sie mit in die Welt,
egal wohin du gehst,
egal wohin es logisch scheint.
So traf ich dich, orientierungslos
in Glasige-Augen-Town.

Ein deutscher Nachmittag

Eröffnungszeile:
Der Nachmittag ist deutsch

und ich bin so verloren
wie Zahlen auf liniertem Papier,
wie ein lachender Deutscher
in der Fußgängerzone,
wie ein geflüsterter Schrei
nach einem Missgeschick im Haushalt.

Und ich fühle mich eingeschränkt,
begrenzt
wie ein Betreten-Verboten-Rasen,
den ja mal irgendwann
jemand betreten haben muss,
um das Schild aufzustellen.

Wer auch immer
dieser Jemand gewesen ist,
er muss die höchste
aller staatlichen Befugnisse haben!
Dabei ist doch eigentlich ein schöner Tag.

Zugänglich für Neues sind sie nicht
wie ein fettgefressener Mann,
der im Biergarten Weizenbier trinkt,
weil man sich ja sonst nichts gönnt.

Und ich fürchte mich vor ihnen,
weil sie so unberechenbar sind
wie beliebig manipulierbare Teilchen im Raum,
wie Wespen, bei denen man nie genau weiß,
wen sie als Nächstes als Feind ansehen,
da reicht schon eine falsche Bewegung,
ein Schritt in die falsche Richtung,
ein kurzfristiges Ausprobieren der Dinge.

Unterm Strich sind sie Durchschnitt
wie der schüchterne Junge,
der in der Disko mit dem Fuß wippt,
wie der idiotische Trunkenbold,
der das Nein einer Frau nicht versteht,
wie der Mitläufer mit der
Weil-das-alle-machen-Attitüde,
wie hemmungsloser Fleischkonsum
zwischen zwei Mahlzeiten.

Durchschnitt
wie das durchtrennte Mettbrötchen
oder ein 2:1 beim Fußball.

Durchschnitt
wie das Zur-Schau-Stellen von Schönheit,
wie das Blättern in Magazinen,
um sich schlecht zu fühlen,
Durchschnitt
wie Wettbewerb,
wie keine-Obdachlosenzeitung-kaufen,
Durchschnitt
wie nicht mit Verrückten reden
auf der Straße.

Und du ahnst es nicht,
bis du schlagartig feststellst,
dass sogar dein Nachbar Durchschnitt ist.

Und so fürchte ich mich
vor ihrer Durchschnittlichkeit,
vor ihrer Routine,
mit welcher sie Dinge einfach so erledigen,
vor ihrer Fähigkeit die Belanglosigkeit
ihrer Tätigkeiten
zu akzeptieren
und vor ihrer längst in Kauf genommenen
Fernsehlethargie am Samstagabend und davor,
dass sie mit all dem glücklich sein könnten.

Unterm Strich sind sie
Durchschnitt.
Ausreißer gibt es kaum
und wenn doch,
dann rechnet man sie heraus aus der Theorie,
die sie von sich selbst haben,
vorliegend in Zahlen auf liniertem Papier.
Ende.

An einem Novembermorgen

K a u m W i n d ,

nur warme Herbstluft
am Morgen,

w e n i g R e g e n ,

nur wenige Tropfen,
kaum spürbar,

v i e l G e r u c h

vom Bäcker irgendwo
im November,

k a u m G e r ä u s c h e

in einer Seitenstraße,
nur Schritte,

n u r l e i s e s R a u s c h e n

von der großen Straße
gleich nebenan,

w e n i g e E i n d r ü c k e ,

ein impulsloses Bild
von einer Straßenkreuzung

a n e i n e m N o v e m b e r m o r g e n .

In der Mitte eines Raumes
(Der Jazzorgelspieler)

Ich beobachte seit 50 min
einen Jazzorgelspieler,
der in seiner Erscheinung
mehr als unauffällig ist.

Ob ich ihm zuhöre, ist
ungewiss und von einem
zweifelhaften Zustand
geprägt, den ich nur schwer

beurteilen und benennen
kann und will. Ob ich
ihm zuhöre, hängt ab von
einer Vielzahl an Umständen

und besonders von der
konkreten Definition von
Zuhören und Aufmerksamkeit,
dennoch kann ich sagen,

dass ich meine Situation
als *zuhörend* umschreiben
würde, vielleicht sogar
BEschreiben, das

hängt wiederum von
anderen Begebenheiten
ab. Der Sound verspielt sich
in der Luft, das Instrument

hat kaum Sustain. Nimmt
er die Finger von der Klaviatur,
sind die Töne auch schon weg.
Sein Gemüt hängt am Klang

und den bestimmt er selbst
durch sein Spiel, als spiele
er nur für sich selbst, um
sich gleichgültig zu machen.

So sitzt er gelangweilt und
bedeutungslos für viele
in der Mitte eines Raumes
und bewegt sich kaum.

Seine Erscheinung prägt
den Raum (und umgekehrt).
So geht er ein Wechselspiel
mit seiner Umwelt ein.

Gelegentlich singt er
zwei bis vier Zeilen in
den Raum und soliert
danach für zehn Minuten,

vorzugsweise auf den
schwarzen Tasten, doch
es klingt atmungsaktiv,
open-minded, seltsam.

559 km entfernt von Paris

Jetzt,
da ich ein
globaleres Verständnis
habe von der Welt,
spüre ich den Wind,
der vom Ozean kommt,
mitten im Plattenbau.

Dort,
wo wenig Häuser
den Weg verzieren,
kommt der Wind
von der Autobahn, die klingt
wie Meeresrauschen:
natürliches Umfeld.

Hier,
hoch über der Straße,
kann ich schon fast
den Ozean sehen,
so flach, so glatt,
km-weites Land,
mit genügend Einbildung.

Jetzt,
da ich ein
globaleres Verständnis
habe von der Welt,
liegt hier der gleiche
Schnee wie in Moskau.
Was sollte ihn unterscheiden?

Dort,
wo alles gedämpft klingt
wie beim Radio,
durch die Schneeberge,
gibt es keinen Lärm,
keinen Hass,
keinen Unterschied.

Manchmal
höre ich Französisch
559 km entfernt von Paris
und selbst ein Hallo
klingt nach l'amour,
als wenn sonst nichts zu sagen wäre
und das ist es auch nicht.

Die Abwesenheit der Geräusche beim Anfahren von Bussen

Als ich einmal in der Stadt
einen Kaffeebecher zuschnacken
ließ, fiel mir auf, wie unbedeutend

es war.

Ich musste daran denken,
wie ich einmal im Dorf
(vor langer Zeit)
einen Kaffeebecher
zuschnacken ließ

und man es

noch mehrere Häuser weiter hörte und
das Schnacken von Haus zu Haus hallte:
klack, klack, ck, ck und so weiter:

Irgendwo im Sommerwind
klackt ein Kaffeebecher
durch das Dorf und zum
Ortsausgang hinaus. So

ist das an solchen Orten.

Jetzt schnackt der Kaffeebecher
und verklingt sofort
an der S-Bahn-Haltestelle

im Frühling und
keiner nimmt es wahr, da
die Geräusche beim Anfahren von Bussen

lauter sind.

Irgendwo bei den Obstständen

Irgendwo
bei den
Obst-
ständen
steht ein

prüfender
Altmeister
des Obstes
mit einem
Klemmbrett,

kontrolliert,
inspiziert,
wiegt, beißt
ab, geht weiter
und wieder-

holt es.
Er kam von
weit ange-
reist aus
dem Experten-

land, wo
die Experten
wohnen
und sich
austauschen

über die
alten Zeiten,
in denen es
noch frische
Birnen gab.

Arbeitstitel: Das Gedicht mit 4 Teilen

1. (Der Teil mit dem Knacken der Gelenke)

Das Knacken der Gelenke
beim Sich-Strecken
am Nachmittag
erfreut mich,
als die
eine Leistung
am Tag belohnt
wird schon dadurch,
als zolle mir mein Körper

Tribut.

Der Moment ereignet sich
in losgelöster Stille, erstreckt sich
über Zeit und Raum wie ich mich
selbst über meine Couch, meinen
Kosmos, mein ganz privates
Habitat, als gäbe es nichts, nichts,
was im Moment die Gegenwart
stört als nur die vereinzelten
Knackgeräusche, die ein Prasseln

ergeben.

2. (Der Teil mit dem fehlenden Inhalt als Inhalt)

Es geht schon längst nicht mehr um Inhalt.
Sie haben uns die Fantasie geklaut.

Was sind denn schon ein paar Gedanken,
ein paar Impulse, was sind denn schon
ein paar Weichen und etwas Treibstoff
für den Verstand, ein Ansatzpunkt, von ...

... dem aus man die Welt verändern kann.

3. (Der Teil, der mit Und anfängt)

Und ich ziehe noch einmal und gehe
in ein von mir eingestandenes Gefühl.
Der Nebel im Raum verfliegt, sachte,
und ich ergebe mich der Situation.

Es betrübt mich, wie einfach alles ist.
Für andere, die es nicht brauchen.
Was ist das Gefühl, das ich fühle,
das mich umgibt, im Raum, im Nebel?

Gedanke:
Eigenartiges Eigentum
leitet einen Strom
aus Menschen.

Das habt ihr nun von eurem Pragmatismus:
Alles wird kürzer, knapper, zweckdienlicher,
alles verkürzt sich auf den Kern, ignoriert
den Rest drum herum. Alles so einfach,
verkürzt, gefällt euch das? Ist es
wirklich besser, geordneter,
schöner, mechanischer,
einfacher, leichter,
wahrhaftig?

Da habt ihr euren Kern,
doch ich besuche den Kosmos
meines Ichs und sehe auch den Rest,
so bin ich aber leider noch nichts Besseres.
Ich sitze nur da und fade out,
langsam, schlafe ein,
der Abend vergeht,
etwas mehr
und mehr
und . . .

4. (Der Teil über den Morgen danach)

Ein Licht scheint mich an.
Von draußen. Es ist nicht
das Straßenlaternenlicht.
Es ist der Morgen, er ist

gegenwärtig, einsam, ruhig und friedlich,
vergeht sich an den Menschen, trommelt
sie nach draußen vor die Türen der Häuser,
langsam erhebt sich selbst der Letzte,

außer die, die letzte Nacht gestorben sind.
So zeigt sich der erste Gedanke meines Ichs,
das ich gestern Abend durchreiste, erforschte,
so werden die Zeilen länger, wie auch die Schritte ...

... die man tut.

Am Ende des Morgens steht ein Bindestrich
und ein Fragezeichen — ?

Die episodische Gestaltung der Mittagszeit

Ich gehe
vor die Tür
und betrete
den Frühling

an einem Sonntag.

Die Mittags-
zeit gestaltet
sich episodisch:

Ein Rabe kräht
irgendwo oben,

die Reste eines
Sturms ziehen durch
die Stadt,

ein Mensch gleicht
dem anderen,

ein Mann singt
auf Arabisch.

Seine Stimme
(ohne Instrument)
hallt durch die Straßen und
füllt den Raum (draußen).

Ich gehe den
Optimalweg zwischen 2 Punkten.
Das imponiert den meinenweg-
kreuzenden Mittagsmenschen

am Sonntag.

An irgendeinem 12. Nov.

I

Die Uhren
stellen sich
selbst.

Wie kann
man sich da
sicher sein?

Das ist circa
das Niveau
an diesem

Morgen im
November,
der wie ein

Morgen im
Januar ist,
denn es ist

noch früh
und kalt
und die

Sonne scheint,
als würde
bald alles okay.

Das ist circa
das Niveau
an diesem

Morgen am
Samstag,
der wie ein

Morgen an
irgendeinem
Montag ist.

II

Der Schienenersatzverkehr
bahnt sich seinen Weg
durch die Häuserschluchten,
vorbei an Kiosk für Kiosk,

dann plötzlich ein Hang
mit kahlen Bäumen oben
auf dem Kamm und am
Hang selbst, viel Laub und

die längst erreichte Gleich-
gültigkeit, dass inzwischen
wieder Herbst ist. So und nicht
anders fährt ein Schienenersatz-

verkehr durch Hagen, im Herbst,
an einem Samstag, der zwar
wie ein Montag, aber auch ein
bisschen wie ein Sonntag ist.

Nachricht von dir

Es ist Freitag, 20:50 Uhr
und ich lese eine
Nachricht von dir.

Ich verstehe nicht,
was du geschrieben hast,
es sind rätselhafte Sätze.

Das Licht ist schwach
und der Bildschirm
flimmert in den Raum.

Die Stimmung des Abends
trifft sich mit deiner
Formulierungskunst.

Sie trifft mich hart,
jeder Satz sitzt perfekt,
auch wenn ich nichts

verstehe, so bemerke
ich doch den Ton in
deinen Sätzen.

Sie sind eindeutig,
nur die Bedeutung
offenbart sich mir

nicht. Es stört mich
nicht, denn es ist
Freitagabend, 20:55 Uhr.

4 Bilder

Erstes Bild

Jetzt höre ich keine Autos
und frage mich, warum,
in einem stillen Stadtbild,
auf dem im Oktober noch
die Sonne scheint.
31.10. – ein gutes Timing.
Bald ist schon November
und im Augenblick
ist es still,
man hört nur Schritte,
nicht mal Gespräche
und den letzten
monologisierenden
Menschen
lasse ich hinter mir,
wie er von seinem Glück
erzählt ...
... und andere
an seinen Lippen hängen.
Langsam wird er leiser
hinter mir und die
meinenwegkreuzenden
Einzelmenschen schweigen.
Einfach mal ländliche Stille
mitten in der Stadt,
auf einem großen Platz
mit vielen Wegen.
In diesem Bild gibt es
keinen Bösewicht;
in diesem Bild gibt es
kein Chaos;
in diesem Bild gibt es

keinen Kontostand;
in diesem Bild gibt es
keine Postleitzahlen;
in diesem Bild gibt es
keinen Wettbewerb;
in diesem Bild gibt es
wenig Wind;
in diesem Bild gibt es
keine Fehler;
in diesem Bild gibt es
keine Perfektion;
in diesem Bild gibt es
keinen Politiker;
in diesem Bild gibt es
keinen neidischen Nachbarn;
In diesem Bild gibt es
wenig Farbintensität.

Zweites Bild

Etwas weiter auf meinem Weg
reden wieder Menschen,
sagen ihr Profil auf
und ich sehne mich nach der Ruhe
von eben – jetzt, wo ich sie kenne,
vermisse ich sie.
Ich suche nach Musik,
die wie Stille ist,
nach sphärischen Partituren,
die sich potenzieren,
einen Raum schaffen,
die Tiefe und Stille zeichnen,
Singlenotes,
die kolorieren.
Ich suche nach einem Wort
mit Sinn

– ein bisschen Mondgestein
für meinen Privatgebrauch,
zum Angucken und Wenden,
zum Drehen und Dran-Riechen.
Ich sammle Wörter
und füge sie zusammen.
Dann stelle ich sie ins Regal,
nebeneinander aufgereiht.
Am besten geht das in der Stille.
Still,
keine Schüsse von Actionfilmen,
keine eingespielten Lacher,
keine Schwätzer, die was reden,
keine jubelnden Fans von irgendetwas,
keine Einkaufspassage,
keine Marktschreier,
keine lauten Gefühle,
nur eine Konstante: Stille.

Drittes Bild

Das Verlangen
nach der Wiederherstellung
dieses Gefühls
bestimmt fortan meine Existenz.
Ich verzehre mich danach
und suche die Stille im Wein,
in der Abschottung
und in der Zeitlosigkeit.
Ich bin voller Ehrfurcht
und verlange laut nach der Stille.
Die Widersprüche meines Bestrebens
verlieren an Widersprüchlichkeit.
Mein Wunsch, mein Traum
lässt sich real herbeiführen,
doch brauche ich dafür das Gleichgewicht,

Struktur innerhalb der Kreativität,
die Inspiration als glänzend silberne Anmut,
als eine Heldin der Vollkommenheit.
Ich suche nach ihr
in den Tiefen meines
Bewusstseins,
erkunde Galaxie
für Galaxie.
Auf jedem bewohnbaren
Planeten
gehe ich durch jeden Wald,
drehe jeden Stein um,
klettere auf jeden Berg
und suche dann im Tal,
in der vor mir liegenden
Landschaft einer
friedlichen Existenz wie der
eines Schweizer Alpendorfes,
wo sich ein Kirchturm
erhebt und sonst nichts,
wo die Kuhglocken klingen
und sonst nichts,
wo ein paar Tiere grasen
am Hang und sonst niemand,
außer vielleicht
der ein oder andere Hirte,
wo man arbeitet
bis Ladenschluss,
nicht länger,
dort, wo es
keinen Wettbewerb
gibt.

Viertes Bild

Vor mir liegt eine Zeit,
die nur zäh verfließt,
eine Strecke, die nur
geradeaus verläuft
für Kilometer,
man sieht das Ende nicht.
Ich fahre bis zum Horizont,
um ihn zu erweitern.
Keine Ablenkung,
nur eine Stimme im Kopf,
die mir den Text diktiert.
Die Zeit vergeht amerikanisch:
mit einfachen und kurzen
Sätzen. Was wäre man
ohne Wettbewerb?
Ein Mensch?

Auf der Suche

Auf der Suche nach Verbündeten
in den Weiten eines Dschungels
durch märchengrünes Dickicht
so weit die trüben Augen reichen.

Is anybody out there?
Der Blick geht durch das Periskop,
sucht nach Leben, das noch echt ist,
nach der Abwesenheit von Imitaten,

nach der gefühlvollen Wendung,
die man sehnsüchtig erwartet,
die dauerhaft bevorsteht, doch sich
selten sehen lässt durch den

Schleier vernebelter Existenzen,
die nach nichts suchen, nicht mal
nach sich selbst. Die Eigenart des
Einzelnen entfernt das Individuum

vom anderen.

Die Vielfaltslüge

Als ich nach draußen ging
und Deutschland sah,
war mir plötzlich unwohl zumute.
Ich realisierte
die aneinandervorbeilaufenden
Passanten,
die Klassenunterschiede
und die Motive
im Verhalten
der Bürger.

Mein Unmut
wurde stärker,
als ich dann die Läden sah,
die alle
mehr oder weniger gleich waren:
die Vielfaltslüge.
Ich erledigte
meine Vorhaben
und versteckte mich wieder
vor ihnen.

Bei ihnen
kann ich mich nur
eine begrenzte Zeit aufhalten,
bevor ich weg muss
von ihnen,
von den Bürgern,
die sich sogar
im Inland
wie Touristen verhalten:
Sie konsumieren das Land

und saugen es aus.

Die einsam durch die Pfützen fahrenden Straßenbahnen in Bochum

Mir fällt auf, dass der Regen
die dreckigen Fenster reinigt,
also warte ich ab und lasse
die Rollläden erst später her-

unter. Es ist ruhig, der Tag
ist unspektakulär. Die ty-
pische bochumer Ruhe, die
es an Regentagen oft gibt,

ist allgegenwärtig, zeigt sich
in den leeren Straßen und
einsam durch die Pfützen
fahrenden Straßenbahnen.

So einen Tag habe ich hier
schon mal erlebt, aber die
Straßenbahnen waren Taxis
und der Regen Schnee.

Es ist erst ruhig, wenn sich
die Menschen in ihre Häuser
zurückziehen und der Regen
leise die vor der Natur flie-

henden Geräusche übertönt.
Der Moment geht vorbei
und die Menschen gehen
wieder nach draußen,

obwohl es noch nieselt,
um schnell wieder zurück
zu sein in einer von
Hektik geprägten Welt.

Kaffee trinken bei Nacht

ist ein Triumph über die Konvention, ein
Rütteln am System des Tagesverlaufs in
einem Moment der Konzentration auf das

Brabbeln der Kaffeehausgäste als Gesamt-
geräusch, wo kein Inhalt ist, nur Sprache,
nur Gerede, nur Atmosphäre, ausnahms-

weise keine Aufgaben, keine Befehle,
keine Forderungen, nur das Dauerhaft-
wannanderssein der Gespräche. ... ist

halt mal unvernünftig, wo sonst immer
die Vernunft regiert, einer Moral gleich-
kommt, die Krieger in die Schlacht der

Logik schickt, der Zeitpläne, der Üblich-
keiten, der Zeitverläufe, in die Schlacht
der Alltagsgegebenheiten, der Termine,

der Dates, der unaufhaltsamen Gefühle
beim immergleichen All des Tages, in
die Normalität, in den Biedermeier des

einundzwanzigsten Jahrhunderts. ... ist
diefreiheitfühlend als letztes Statement
für die Freiheit in einem gleichgeschal-

teten System, sichselbstvergebend, wo
alles gleich unvernünftig ist und der Sitte
widerspricht, für abwertende Blicke sorgt,

die das Verhalten sanktionieren, wo jeder
gleich ein Taugenichts ist, wenn er sich
nicht dran hält, die beschämen und ver-

stören, anpassen, weil man's dem ja zeigen
muss, denn wo kämen wir denn hin, wenn
am Ende immer ein Fragezeichen steht?

Der Nichtoptimalweg von A nach B

Die Panik in den Augen,
drückst du die Halte-
taste vorm Hauptbahnhof,

als wären da nur Zweifel
in deinem Kopf wie Polter-
geister. Dann steigst du aus

und ich habe es satt, wie
sich die Leute vor 5 min
verschwendeter Zeit fürchten,

vor dem Nichtoptimalweg
von A nach B, vor der Ruhe,
vor dem Fehler, vor dem

Nichtperfekten. Ich habe ge-
sehen, wie sie dann links
auf der Rolltreppe stehen,

rücksichtslos und unbedacht,
wo die Ordnung nur dann
sinnvoll ist, wenn es sie

selber trifft. Ich muss raus.
Ich fahr aufs Land. Da
gucken die Bauern skeptisch

auf die Landstraße, wenn
ein Fremder durchs Dorf fährt.
Ich gehe in den Wald. Da sind

Wächter auf den Hochsitzen
und halten sich für Miliz.
Wo wäre der Mensch nur ohne

seine Skepsis, ohne seinen
Sicherheitsvoyeurismus?
Die Ordnung kann ein Chaos sein.

Und schon laufen wieder einige
enthusiastisch auf die Zugtür
zu, wo noch circa zehn Personen

stehen, auf dem Weg nach draußen.
So rennen sie zur Tür und warten
im Gang auf den Ausstieg

... in eine bessere Zeit.

Hagener Straße, irgendwann im Sommer

Hagener Straße, irgendwann im Sommer,
Bushaltestelle und Discount-Wodka.
Das ist circa die Kulisse der Geschichte.

Es ist Abend
und jedes gesprochene Wort
hallt durch die Kleinstadt
von Ortseingang
zu Ortsausgang.

Das ist der Blues der Sommer-Provinz,
zur richtigen Zeit am richtigen Ort,
aber innerlich ist da noch mehr
als Zeit und Raum: Da ist noch
die Galle des Melancholikers.

Schon komisch,
sich klar darüber zu sein,
dass genau dieser eine Moment
einer derjenigen ist,
denen man später sehnsüchtig
aus dem Fenster hinterherschaut,
wenn der Zug abfährt
und der Moment am Bahngleis steht

... und winkt.

Die Sommerluft ist sauber
und lässt sich schneiden vor lauter Natur,
denn nachts sind die Maschinen aus.

Der Wodka bahnt
sich seinen Weg
ins Hirn
und beflügelt die Gedanken
an die große weite Welt,
außerhalb der Wiesen und Wälder.

Die Autobahn ist gleich nebenan
und irgendwo hält auch ein Zug.
Man könnte weg, doch wo ist es
besser?

Jahre später packst du deine Koffer
und als Letztes und Wichtigstes
legst du deine Galle
oben auf deine
Hosen und Hemden
und drückst den Koffer zu.

Am Ende des zweiten Refrains

Am Ende des zweiten Refrains ist ein Ton,
der nicht zu den anderen passt. Alleine ist
er nicht schief (und wer ist das schon?). Nur
wenn man ihn mit den anderen vergleicht,

    neigt er zum Stören

        innerhalb des bestehenden Systems.

Am Ende des zweiten Refrains ist ein Ton,
der irgendwo zwischen den Möglichkeiten
der Tonart liegt. Seine Frequenz ist
nicht als eigenständiger Ton definiert. Was

    im Grunde nichts bedeutet,

      (nur)

        innerhalb des bestehenden Systems.

Am Ende des zweiten Refrains ist ein Ton,
der sich lange hält, durch die
taktübergreifenden Verbindungsbögen,
die unzählbar entlang der Zeitkoordinate liegen.
Durch die Länge des Klangs
fällt sein Unpassen ins Gewicht.
So klingt er weiter, reibt sich an den anderen
Tönen, die brav in ihren Abständen sortiert sind.

Weder auf der Linie noch im Linienzwischenraum
liegt der Klang, den es zu beschreiben gilt. Seine
dauerhafte Schwingung beeinflusst nicht seine
Frequenz, vielmehr glänzt er als Konstante,

während sich die anderen verändern mit der Zeit,
entlang ihres Wertes, der ihnen
vorgeschrieben wurde, von so einem
Komponisten, der vermutlich im Erziehungssystem
arbeitet. Diesem leisten sie nun
Gehorsam und sie fühlen sich erhaben
bei dem Gedanken daran, ihrer Rolle gerecht zu
werden, denn was könnte schlimmer sein, als aus

    der Reihe zu tanzen

       und sich somit zu blamieren,

          als dieser eine,
          der mal aus der
          Reihe getanzt ist.

Sätze, die mit Und anfangen

Und dann sagst du,
man fängt keine Sätze
mit UND an,
und ich sage dir,

das Wissen
ist lediglich
die Spielwiese
der Intelligenz.

Was bisher geschah:
(dramatische Musik)
Es war ein
asymmetrisches

Gespräch,
doch irgendwann
hatte ich genug
und fing einen Satz

mit UND an.

Und ich äußere mich
in übertriebener
Sachlichkeit,
manche nennen auch

das Poesie.

Mir ist nicht mal danach,
dem Stück einen Namen
zu geben, nimm es ein-
fach so,

wie es ist, oder lass es.

Der Tag, an dem ich meinen Stil fand

An diesem Tag wachte ich auf
dem Fußboden eines Freundes auf,

an diesem Tag hatte ich
am Vorabend Leitungswasser getrunken,

an diesem Tag kam ich erst
kurz nach Mittag nach Hause,

an diesem Tag war ich
unglücklich verliebt,

an diesem Tag wusste ich
nur sehr wenig von der Welt,

an diesem Tag wollte niemand
meinen Kontoauszug sehen,

dieser Tag war ein Sonntag im Oktober,
wo nichts mehr wichtig war,

an diesem Tag hatte ich ein
Faible für Etikettiermaschinen,

an diesem Tag war jeder bisherige
Fehlschritt vonnöten,

an diesem Tag war mein Ziel
die andauernde Zufriedenheit.

Am Tag, an dem ich meinen Stil fand,
habe ich nichts anderes gelesen.

Der Tag, an dem ich meinen Stil fand,
war definitiv kein Tag der Ekstase.

Falschgeld

Es ist mir äußerst wichtig,
was du von mir denkst.
Darum taktiere ich mit der
Wahl meiner Wörter im Detail.
Dabei vernachlässige ich
diesen Tonfall, den du doch
immer so wichtig findest.

Wie der Ton fällt, fällt auch
dein Urteil über mich, irgendwo
hinter deinen Augen. Dabei hatte
ich mir doch größte Mühe
gegeben, dir zu gefallen, doch du
hörst nur die Melodie, bist halt
kein Inhaltsmensch – oder doch?

Jetzt reden wir über Falschgeld,
weil wir uns vor der Frage
drücken, wer von uns bezahlt.
Ich habe mein Geld schon auf
den Tisch gelegt und in dem
lila Licht von der Bar sieht es
wie schönes lila Falschgeld aus.

Letztendlich diskutieren wir
noch auf dem Heimweg darüber,
anstatt darüber zu reden, wie
schön dieses lila Falschgeld war.
Dann sage ich es und du fragst
dich, warum, doch stimmst zu,
um nicht dumm zu wirken (vor mir).

Dass du verwundert bist, sehe
ich dir an. Ich kann es nicht
erklären, aber sowas bemerke
ich. Es findet in deinem Innern
statt und das will doch was
heißen, wenn man sowas merkt.
Wir scheinen eine gute Wahl

getroffen zu haben. Außerdem
scheinen wir im Straßenlaternen-
licht, wie der Geldschein im lila
Licht der lila Bar, aus der wir kom-
men. Was du nicht verstehst, sind
die kleinen Dinge. Besser gesagt,
welche Wirkung sie auf mich haben.

Es ist mir äußerst wichtig,
was du von mir denkst.
Darum taktiere ich mit der
Wahl meiner Wörter im Detail.
Dabei vernachlässige ich, dass
du dich für eine andere Art
von Dingen interessierst.

Hbf

Ich gehe ein paar Meter
und ich sehe
Werbung für vergangene
Termine,
Passanten,
die auf den Boden gucken,
geleitete Fußgängerwege,
die entlang der Baustellen
liegen.
Zutritt verboten,
Ämter und Behörden:
Deutschland.

Ich gehe ein paar Meter
und ich sehe
Bettler
auf dem Bürgersteig,
wie Vögel auf der Stange sitzend,
das Geld ist woanders,
der Versuch,
dazuzugehören,
Billigbier
für 90 Cent,
um den Tag zu ertragen,
die Frage nach Eigentum.

Die aggressive Grundstimmung
wird mit Eile überspielt
wie eine Kassette
mit neuer Musik,
als wäre die alte
nie da gewesen.
Dort stehen sie
wie bestellt und nicht abgeholt.
Das Individuum
verspielt sich
in der Masse
im Eingangsbereich
der Anonymität.

Privatsache

Wer weiß, ob mein Nachbar
nicht ein Biedermann ist,
wer weiß, ob er sich nicht
vielleicht sogar im Durchschnitt

aufhält?
Es könnte sein, dass er ein
unaufhaltsamer Spießbürger
ist, der sich auf Biegen und
Brechen an die Regeln hält.

Wie könnte ich ihm dann vertrauen?

Wer könnte das schon mit
Gewissheit sagen, wenigs-
tens von sich selbst? Es
ist doch alles irgendwie

Privatsache.

Privatsache
wie das Töten von Tieren.

Privatsache
wie das Verpesten der Luft durch Kerosin.

Privatsache
wie das Schlürfen der Tränen kolumbianischer Kaffee-
bauern.

Wer weiß, ob er nicht glaubt,
dass alles in Ordnung ist oder
wenigstens nicht seine Sache?

Wer weiß, ob er nicht vielleicht
Zweifel hat oder Gedanken
beim Anblick von Elend?

Vielleicht ist mein Nachbar
ein Schreibtischtäter der
Marktwirtschaft oder sogar

eine lenkende Kraft? Leider
kann ich mir nicht sicher sein.
Er könnte mich für verrückt
halten, wenn ich ihn frage. Also ...

... lasse ich ihn besser in Ruhe,
während er seine Geschäfte
macht und meine Zweifel
an ihm langsam verklingen.

So lasse ich ihn in Ruhe ...
... wie ein braver Deutscher
und stecke meine Nase

in meine eigenen Angelegenheiten
oder wie auch immer dieses eine
Sprichwort mit der Nase geht.

Da steht

ein Haus an einem
Gleis, an einem
kleinen Bach, auf
einer nassen Wiese,

irgendwo zwischen
2 Städten, irgendwo
im Nichts, niemand
kommt oder geht,

wo man nur
vorbeifährt, nur,
wenn man muss,
weil dort nichts ist.

Der November legt
seinen Schatten darüber,
gegen 4 Uhr nachmittags,
an einem trüben Samstag,

die dunklen Wolken
tun ihren Teil dazu
und so ist es Herbst
in diesem Bild, Herbst.

Der Waschbär und das Krokodil

I

Ich versinke in einen dieser Träume,
bei denen man nicht ganz sicher ist,
ob man wach ist oder schläft.
Ich ergebe mich restlos,
lasse es zu, dass
ich reise,
ich träume,
ich verliere mich,
verliere meinen Stolz,
der mir im Weg liegt, wie
ein fauler Waschbär am Fluss,
der in Ruhe seine Wäsche macht,
wie ein Krokodil nahe New Orleans,
das einfach existiert, nahe am Wasser,

das noch aus der Ferne den Jazz hört:
Die größte Wirkung hat Musik aus der Ferne,
denkt es sich, genauso reise ich

innerhalb meines ganz persönlichen Kosmos:
Ich genieße die Reise durch ein neues Gefühl,
denke ich mir und tue es ihnen gleich.

Es ist, als lebe mein Körper eine Story,
gefilmt mit einer guten Helmkamera,
und ich sitze zu Hause und gucke zu,

aus sicherer Distanz, in angenehmer Haltung,
verharrend in Bequemlichkeit meiner selbst,
während der Film läuft: Movie Time.

II

Da vermischen sich die Zweifel mit der Erkenntnis,
bestätigen oder widerlegen sich, doch es wird klar
durch eine Mischung aus vielem, klar, durch ein

Alles-In-Sich-Zusammenlaufen, wie ein Chaos mit
Logik in den vielen kleinen Verwischungen, wie
ein problemfreies Gefühl der Neutralität im Gemüt.

III

Da liegt ein Wald vor mir und eine große Lichtung
und nur langsam gehe ich (eigentlich wandle ich)
durch die Kulisse und schaue mir alles an

wie eine Mischung aus einem neugierigen Kind
und einem Inspekteur, ein bisschen Detektiv
und ein bisschen Fußgänger sind auch noch drin.

Ein Mann in einem Bärenkostüm spricht zu mir,
ich soll den Wald betreten, mein Inneres finden,
mein Weltbewusstsein finden und pflegen, doch

das Wandeln dauert an, es hat kein Ziel, doch
der Wald ist immerhin nicht mehr tabu für mich,
er ist da und ich kann ihn akzeptieren als etwas

Undurchsichtiges, etwas Kompliziertes, bei dem
man wohl die Unvollständigkeit der Erkenntnis
über ihn akzeptieren muss. Danach ist es leicht.

Geschmolzener Schnee, City-Passage

Wegen des Gefälles fließt das Wasser,
ich gehe dagegen an, steige hinauf bis

zur Straße, bewundere auf dem Weg
den Augenblick eines Januars, einen

singenden Trinker, bummelnde Pas-
santen, die Dunkelheit um ca. 17:50

Uhr. Hier und da sieht man Menschen,
nicht viele, nicht einige, nur wenige,

die sich erhoben haben an einem Mon-
tag mit dem ersten Schnee am 2. Januar,

wo der Alltag auf sich warten lässt, mit
den Einkaufstüten in den Händen, mit

den Gedanken woanders, dort ist ein
Kopfsteinpflaster im repräsentativen

Teil der Stadt. Die Tage sind kaum ein-
zuschätzen, wenn die Routine fehlt, im

Feiertagsblues, ohne Termininseln, wo-
rauf man eigentlich gewartet hat, ein

Tag, der seines gleichen sucht, halb
verschlafen, aber ohne zählbares Re-

sultat, verarbeitet und scheingenutzt,
schnell zurück zur Wirklichkeit.

Identität

Sie albern nicht rum,
sie starren nur nach vorne,
zielgerichtet,
sind unverrückt,
normal.

Ihr Eigentum
macht sie eigentümlich.
Gibt es dieses Wort
wirklich?
Ich weiß es nicht.

Ich habe längst
die Fähigkeit verloren,
zwischen
Realität und Fiktion
zu unterscheiden.

Ich schäme mich
nicht mehr dafür,
es ist Teil meiner
Identität:
Existenz.

Ich bemitleide sie
für ihre
Unterscheidungsfähigkeit.
Sie nimmt ihnen die
Freude ...

... und ihre Identität.

Ein Lebenslauf

Ich möchte nicht zwischen Brombeersträuchern
über Rheuma reden und Pfeife rauchen.
Vielleicht ist das ein ehrenwertes Leben
mit Arbeit am Tag und Kuchen am Nachmittag.

Dann traf ich auf den Pädagogensadismus
mit Kennenlernspielen und der kindlichen
Freude über die Orientierungslosigkeit
in Stuhlkreisen und vornehmen Diskussionsrunden

im „U".

Da diskutierten sie im Chaos
und wunderten sich über Kritik.
Ihr Ziel war das Reden
und das oft aneinander

vorbei.

Ich erkannte keinen roten Faden
in dem Sprachgeblubber
aus Höflichkeiten und Correctness,
so kraulten sie sich gegenseitig.

Sie sagten, was sie gelesen hatten,
damit es auch die andren wussten,
um Praxis ging es niemals wirklich,
waren wie Karikaturen von sich selbst.

Das letzte verbliebene Tabu ist die Realität.
Eigentlich gar nicht so schlecht.

Ach, wie schön sind doch die Brombeersträucher,
wenn man über Rheuma redet und Pfeife raucht,
mit einem fetten Grinsen, selbstgefällig und etwas dick,
Arbeit und Kuchen danach, Bequemlichkeit eben.

Und jetzt sitze ich da, mit 'ner Flasche Bier
in den Händen und nicht mehr unterwegs,
und jetzt sitze ich da: schweigend

und schaue auf den Fluss und
frage mich nicht mehr,
woher das Wort Fluss kommt.

Oberflächenspannung

Jetzt ist es ruhig,
nur ein Ast klopft manchmal
an ein Fenster, irgendwo am Haus.

Die Welt schläft,
alle zur gleichen Zeit,
nur ich bin einen Moment voraus.

In der Küche
steht das Wasser
in einem Teller in der Spüle

mit perfekter
Oberflächenspannung
und scheint völlig in Waage zu sein.

Die Faszination
für die kleinen Dinge
steigt auf ein ignorantes Level.

Ich erkläre nicht,
warum. So kann ein
früher Morgen sein, wenn man

gestern lange
wach war. Jetzt ist es ruhig,
nur manchmal sind da leise, kurze

Schritte vor dem
Fenster. Jetzt beginnt
der Tag Minute für Minute.

Die Fahrbahnbegrenzungen

I

Die Fahrbahnbegrenzungen auf der Autobahn
verschwinden in der Nacht, während der Fahrt
durch die Dunkelheit in den schwarzen, müden
Morgenstunden, während eines Moments der

Sicherheit und plötzlich sind sie weg, die Fahrt
ist frei und führt nur durch die Dunkelheit, ohne
Leitung, ohne Orientierung, mitten im Nichts
auf der Autobahn durch die späte, späte Nacht.

II

Ein Tag, der niemals angefangen hat, geht zu Ende,
es fehlen die nennenswerten Ereignisse für ein
ausreichend zufriedenstellendes Resümee,
der Tag vergeht an den Spätfolgen der Lethargie.

Gedanklich nicht viel zu bieten und voller Einsicht,
war der Tag schon am Morgen zu Ende und er geht
wie ein schlechter Stepptänzer von der Bühne,
ohne Rhythmusgefühl oder vernünftiges Schuhwerk.

III

Freies Alltagsschweben
ohne Bodenkontakt und ...
... plötzlich ist der Tag gelaufen.

Da waren noch ein paar Dinge
zu erledigen am Abend,
dann wurd es schon dunkel.

Breit auf der Couch
wie ein Käfer auf dem Rücken,
gestaltet sich eine post-post-

moderne Gesellschaft.
Wer will der Zeit
einen Namen geben?

IV

Jetzt sticht die Kälte schon ein bisschen
in den frühen Morgenstunden, selbst
wenn die Sonne etwas dazu scheint.
Sehr gewöhnungsbedürftig ist der
Gedanke an den Herbst, wie er
sich von seiner besten Seite
zeigt, so, wie er nun mal
ist, wenn alles grauer
wird, schwächer,
zerbrechlicher,
dunkler am
Abend,
still.

V

Alles
gerät,
doch ver-
liert ein
bisschen
an Struktur.

Das Steuer aus der Hand gegeben,
gleitet ein Teilchen durch das Chaos.

Es verliert sich nicht, es ergibt sich nur
dem allumfassenden und liebevollen Chaos.

Die Fahrbahnbegrenzungen waren der Impuls,
jetzt ist es mehr, irgendetwas Verlaufartiges,
eine Chronik von Momenten, eine Abfolge
von Eindrücken, nur ein kleines Manifest
einer stillen bedeutungslosen Woche
auf dem Weg in den Herbst, weit,
weit draußen im All, fliegend,
schwebend, treibend auf
Wasser, wo man nur
staunen kann,
wie unfass-
bar
leicht
alles ist,
wenn die
Bedeutung
ihren alten Hut
nimmt, geht und
zum Abschied winkt.

Vielleicht kommt sie wieder,
eines Tages, doch vorerst
hinterlässt sie einen kleinen
Rest ihres Schattens, wenn
alles schwankt und sich
dem Durcheinander gibt,
wenn jeder Tag anders ist,
ungewiss, unvorhersehbar,
eigenständig, bodenständig,
individuell, unorganisiert,
lebendig, schwankend und
erst vorbei, wenn er vorbei ist.

VI

Jetzt kommt wieder alles anders als erwartet
an einem dieser Morgen, an denen man sich
nass fühlt, wenn die Kleidung unangenehm auf
der Haut liegt, als wäre alles störend, doch das
ist es nicht. Es ist trocken, noch, und der Morgen
ist so früh, dass nur die ganz frühen Würmer
auf der Straße sind, U-Bahn fahren und sich
gegenseitig ignorieren, wie es die späten Würmer
abends machen. Und es ist nicht nur früh, es ist
auch noch warm an einem Herbstmorgen,
also gibt es keinen Anlass zur Beschwerde.

VII

Jetzt brummt wieder der Kopf,
der lange geschwiegen hat.

Wo ist er nun, wenn man ihn braucht,
dieses Zentrum des Verstands?

Alles ist wohl in Ordnung gebracht,
das merkt man auf den ersten Blick

beim Aufstehen, doch der Tag hat
grade erst angefangen, auch wenn es

schon 14:38 Uhr ist. (and so on)
Eine leere Pinnwand starrt mich an.

Genügsam ist ein gutes Wort.

VIII

Was kommt jetzt?

Die dünnen Holztüren von Amsterdam

I

Die dünnen Holztüren von Amsterdam,
die die Geräusche kaum draußen halten,
sind frisch lackiert worden.

Man riecht es kaum noch, doch man
kann es sehen, wenn man nah genug
herangeht und sie begut-

achtet. Verschlossene Türen gibt es
nicht im Zentrum. Und wieso sollte
es sie auch geben, wenn

sowieso alles mehr oder weniger illegal
ist, was sich ereignet? Einen Hang zum
Stress habe ich hier noch

nie verspürt. Geh doch mal einen Weg,
den du noch nicht kennst, flüstert mir
die grüne Fee und schon

bin ich mittendrin in einem Märchen,
das vielmehr ein eigensinniger Spät-
nachmittagsrausch ist.

II

Im Rausch
spüre ich meine Existenz
am deutlichsten,
als würde sie
sehr deutlich sprechen,
so,
wie man

mit einem Touristen sprechen würde,
bei dem man davon ausgehen kann,
dass er einem nur schwer folgen kann
und auch nur mit Sprachführer.
Alles verläuft langsamer
und
so wird mir mein Bewusstsein bewusst,
während es zeitgleich im Nebel verschwimmt.

III

Der Zug rollt nach draußen,
da sind kaum Leute, nur in
meinem Kopf spielt ein kleines

Theater mir etwas vor, was
ich ohne Rausch nie erfahren
hätte, der Konjunktiv bestimmt

mein weiteres Denken.

IV

Zwischenzeile:
5 Momente:

Ich stolpere noch ein paar Meter
und plötzlich bin ich am Strand.
Da ist niemand, nur der Wind,
und so bleibe ich ein paar Momente.

Moment 1:
Mir wird meine Kleinheit bewusst,
während ich das Meer sehe und
ein Schiff weit draußen und
unfassbar klein weit weg.

Moment 2:
Ich hoffe, nicht beobachtet zu werden
bei dem, was offensichtlich ist: Rausch.
Ich beschließe, nicht auf einem Stein
zu sitzen, sondern gehe auf und ab.

Moment 3:
In Moment Nummer 3 versuche ich,
alte Falten auszubügeln,
denn die Gelegenheit wäre gut,
kam lange nicht mehr vor.

Moment 4:
Ich denke bereits übers Weggehen nach.
Allzu lange wollte ich nicht bleiben,
denn es ist spät und doch weitgehend
verpönt, einfach so dort zu stehen.

Moment 5:
Meine Existenz springt in Moment
Nummer fünf, sonst nichts. Nur
fünf, kein Inhalt, keine Fragen,
nur Moment Nummer fünf.

V

Zwischenzeile:
Fensterbank:
Die Fensterbank ist fremd
im Hotel,
deshalb kann ich dort sitzen.
Gedanken darüber,
warum man das sonst nicht macht:
(. . .)
Es ist deutlich später,
Einzelmenschen passieren den Weg
vorm Hotel,
gehen weiter
und schauen nicht zu mir herauf.

Die Amazone

Ich hatte bereits zuvor
viel von ihr gehört,
von der, die man

auch gemeinhin
die Amazone nennt.
Warum, war das Rätsel,

denn als wir
uns begegneten,
stellte ich fest,

dass sie im Kern
ihres äußeren Wesens
das Gegenteil ihres

Namens verkörperte:
Von eher puristischer
Schönheit gezeichnet,

war ihr Name das
Einzige, was sie
hervorhob,

so zeigte ich mich
unbeeindruckt
und wartete,

wartete
auf ein Indiz,
das mir

verraten sollte,
woher ihr Name kam,
und so dauerte

der Abend an,
auf der Suche.
Mein Interesse

war rein platonisch,
ihr Ansehen aber
mehr als königinnenlich

und von einprägsamer
Schönheit gezeichnet,
und so hörte ich

und sie redete,
vorzugsweise
von Ballett,

als wüsste sie
von meiner Neugier
und wollte mir

einen Bären aufbinden.
Doch ich blieb dran,
zeigte mich hartnäckig,

hörte geduldig zu
und verschwendete
keinen Gedanken

an etwas anderes,
was mich hätte
ablenken oder

irritieren können.
Eigen war sie
und etwas

geheimnisvoll,
dunkel gekleidet,
aber lächelnd, oft.

Erst als sie,
wie wahnsinnig,
nach der Rechnung

griff, fiel bei mir
der Groschen,
denn sie entriss sie

meinen fest
zur Zahlung
entschlossenen

Händen und so wurde
mir plötzlich klar,
als ich schon nicht mehr

daran dachte, warum man
sie auch gemeinhin die
Amazone nennt.

Ein Abend mit einem imaginären Freund

Bist du nicht zu alt, dich mit mir zu treffen,
fragt er ruhig und gelassen, als wäre ihm
nicht nach einer Diskussion zumute, als
wolle er nur dezent darauf verweisen,
dass ihm die Merkwürdigkeit unse-
res Zusammenseins durchaus
aufgefallen ist. Ich schweige.
Worüber willst du reden,
frage ich ihn, um zur Sache
zu kommen, denn meistens
hat er etwas zu sagen und
zögert die Sache unnötig
heraus, wie ich finde.
Er sitzt auf dem Sofa
und stochert in seinem
Whiskyglas, dabei trinkt
er nur Apfelsaft. Er schaut
nicht auf und ich frage mich,
was mit ihm nicht in Ordnung
ist. Sonst ist er gesprächiger, aber
heute lümmelt er nur auf dem Sessel
herum, welcher ebenfalls imaginär ist.
Ich sitze derweil auf dem Sofa,
welches durchaus auch
physisch real ist,
stelle aber
meine eigene
Existenz in Frage.
Er schlägt mir einen
Massagesessel vor, ich
entgegne, es sei Luxus,
aber eigentlich hat er
völlig recht. Wo warst
du die letzten Wochen,

frage ich ihn und er
antwortet, er habe
viel nachgedacht,
doch er sagt mir
nicht, worüber. Es
ist schon typisch für
ihn, mich in Ungewissheit
verweilen zu lassen, doch
ich verzeihe ihm jedes Mal.
Es bleibt mir auch nichts
anderes übrig, denn er lässt
sich nicht gerne hetzen. Irgend-
wie schafft er es, dem alltäglichen
Stress die kalte Schulter zu zeigen
und einfach in einem meditativen
Zustand vor sich hinzuleben.
Es ist sinnvoll, denke ich
mir, doch schaffe es selber
leider nicht. Er fragt, ob ich
ihm Geld leihen könne, denn
er sei knapp bei Kasse. Ich gebe
ihm welches und frage mich, ob
mein Geld jetzt auch imaginär
wird. Seine nachdenkliche
Melancholie macht mir
zu schaffen, doch es
ist schön, ihn mal
wieder zu sehen.
Findest du es
verrückt,
dass ich
dich
wieder
beherberge,
frage ich ihn. Nicht
viel verrückter als ein
Gedicht mit Sätzen zu schreiben,

die sich nicht reimen, antwortet er,
ohne zu mir aufzuschauen. Damit
gebe ich mich zufrieden und schweige.
Der Abend neigt sich dem Ende.
Wir sollten schlafen gehen,
sagt er zusammenhangs-
los. Ich nehme die
Couch, sage ich.

Road Trip im Kopf

In meinem Kopf bin ich längst auf der Straße,
unterwegs nach Westen, was in Europa der
Süden ist. Auf der Suche nach der Freiheit des
Geistes, Massagen fürs Gehirn, meditativer

Zustand, längst

vergangene Träume erforschen. Die To-Do-
Listen aufarbeiten, nachholen, worüber
man nachdenken wollte, ein bisschen
Sommerwind und Stille: unterwegs.

In meinem Kopf bin ich längst in
einem Auto, auf dem Weg durchs
Nichts, was in Europa zwischen
den Städten ist. So verlieren die

Zeilen die Ordnung, der Wagen
den kürzesten Weg zwischen 2
Punkten, denn der 2te Punkt ist
nicht fest. Unterwegs im Westen,

was in Europa der Süden ist. Da
sitze ich an einer Klippe, vor mir
ein steiler Abhang, nicht hoch, aber
eindrucksvoll. Man kann noch die Wel-

len hören, so leise sie auch sind. Dort wird
das Gehirn massiert. Nachtrag: Am Ende eines
Ozeans, am Rande eines Ozeans ist man nah am
Abenteuer, doch eben nicht drin. Was will man also

dort:

- sich den Verstand massieren
- sich das Nichtstun vergeben
- Schiffe gucken
- sich die Piraten vorstellen
- usw.

Man kann die Wellen beobachten
und auf Strandgut warten oder auf
eine Flaschenpost mit Korken aus
einer längst vergangenen Epoche.

Waren Freibeuter hier? Gesetzlose?
Haben sie die Küste besucht oder
sind sie nur vorbeigefahren? War
hier kein Schatz? Zählt die Ruhe nicht?

... und so schreibt man ein Gedicht
mit rhetorischen Fragen, wer kann
sie schon beantworten, also bleiben
sie offen, gespenstig, eigen, speziell.

Königin der begehrenswerten Attribute

I

TV: Schöne Menschen, die viel reisen,
erzählen von Neuseeland,
weil Australien nicht mehr reicht,

Kapitalismus, Baby! Du blondes Küken,
hast so viel gesehen von der Welt
und doch irgendwie auch nichts,

sitzt da, lässt dich verhören, wie ein
großer Meister eines Handwerks,
bist jung, klug, erfahren, alles zugleich.

Da kann man schon Komplexe kriegen,
wenn man nur eines davon ist,
vielleicht auch zwei Attribute hat,

doch du hast das Gesamtpaket,
bist der Maßstab für uns alle,
die nur wenig zu bieten haben.

Königin aller Attribute des Begehrens,
wie beneidenswert dein Lebenswerk ist,
weil du im Urlaub warst, für Jahre,

bist nun die Königin der Toleranz,
die uns den Weg zeigen wird
durch eine Welt voller Arbeit und Zwang,

wirst uns erlösen und wir feiern dich,
applaudieren dir, wie den alten Meistern,
die ein Leben lang geschuftet haben.

Wettbewerb geht heute anders und du
erklärst uns, wie, du kleines Ding mit Zepter
und Krone im TV des neuen Jahrtausends.

II

Da wird dir der Kopf verdreht und du
möchtest auch so sein, fängst an,
dich zu spiegeln, und die Differenz
deprimiert, möchtest deine Existenz

auch auf weniger begründen, auf
Erfahrung, nicht auf Leistung, und schon
fühlst du dich eingesperrt, hinter Schloss
und Riegel durch dein eigenes Versagen,

was keines ist, betrogen mit dem Ideal
der Systemrelevanz, und schon siehst
du dein Schaffen als minderwertig an,
weil dich keiner vor eine Kamera setzt,

dich keiner um Rat fragt, weil du kein
eigenes Profil hast, keine Profilneurose,
dich nicht zu inszenieren weißt, weil du
ein schweigsamer Arbeiter bist.

Der am Bettpfosten gestoßene Zeh

Gefangen in deinen Gefühlen,
die du dir zugestehst,
sitzt du selbstzufrieden zu Hause.

Du richtest dich nach ihnen,
nicht nach der Logik,
die dir eine Moral gebieten würde.

Geht es dir schlecht,
kannst du nichts machen,
und heute Morgen hast du dir

den kleinen Zeh
am Bettpfosten gestoßen.
Du hast dir einen

Kosmos geschaffen,
in dem nur deine eigenen Regeln
gelten, und diese fallen stets

zu deinen Gunsten aus.
So bist du dein eigener
Diktator geworden.

Ohne Titel

I

Irgendwo
im Innern meiner
Existenz

schimmert
ein Kern,
den ich selten

spüre,
doch wenn,
dann ist es gut.

Irgendwo
im Innern meiner
Bedeutung

liegt
ein Rätsel,
das ich selten

löse,
doch wenn,
dann ist es gut.

II

Ich suche das Gefühl
als höchste Form
der menschlichen Erkenntnis,

das Versöhnliche
in meinem Dasein
als Konstante meiner

Biografie.

Ich suche das Gleichgewicht
aller Dinge als höchste
Annäherung an die Welt,

an die Existenz
von allem, von der
täglich gesuchten

Eintracht.

Bonn, Retrospektive

Es war ein kalter Winter
in Bonn, am Anfang
des neuen Jahrtausends,
Anfang der 10er Jahre,
orientierungslos,
doch einfallsreich,
kein konkretes Datum
ist zu nennen,
zahlreiche Kieswege
führen alle im Kreis,
wo der Boden etwas fester wird
in Anbetracht des Frosts.
Altstadt hier und
Altstadt da und
viele sichwiederholende
Charaktere auf den Straßen.
Festgetretener Boden
in den Alleen,
die kilometerweit durch
die Stadt führen,
immer ein Fahrradweg
parallel.
Viel Zeit, doch
wenig Orientierung,
die Plätze vereint
die Altstadt,
sich füllendes Papier
zwischen Holzbank
im Altbauflur
und Kaffeehaus.
Verdrängte Ziele und
einfallslose Zukunftspläne,
der verzweifelte Versuch,
normal zu sein.

Gleichzeitig der Versuch,
ein Bild zu malen
vom Geschehen
im Inneren,
von der Gefühlskulisse
des eigenen Innenlebens,
die Details wurden nicht erreicht,
vielleicht reicht retrospektiv
der Umriss.
Bonn, Innenstadt,
immer auf Achse.
Ich weiß noch immer
nicht, was einen guten
Kaffee ausmacht.
Ich weiß aber noch immer,
was für ein Gefühl das war.
Jetzt ist das 5 Jahre her,
Zeit, ein Gedicht zu schreiben.

(Fertiggestellt am 30.11.2016, Retrospektive)

Meine Skepsis

Meine Skepsis
dem Durchschnittsmenschen
gegenüber
steigt
exponentiell
in einen Bereich,
den man gemeinhin
als
p a r a n o i d
bezeichnet.

Sie nennen mich seltsam.

Meine Skepsis
gegenüber
der Marktwirtschaft
und den Konservierungsstoffen
nehmen sie mir übel,
in einer Zeit,
in der man
sogar st trennt.

Das Geld liegt auf dem Tisch,

denke ich mir
und
verlasse das Eis-
café.

Wuppertal, September

I

Menschen auf dem Weg zur Arbeit
an einem Septembermorgen sind
wie ein Gemälde eines noch nicht
geborenen Malers: ihrer Zeit vor-
aus. Mann, war ich lange nicht
mehr einer von ihnen, von
denen, die stets entlang
der Bahnen laufen, von
Gleis zu Gleis, so, wie
sie es sich vorher
notiert haben.
Das Chaos
ist weg,
alles
ist
g
e
p
l
a
n
t,
warum
auch nicht,
unterschätze
mal den Morgen
nicht, du später Vogel
ohne Käfig, auch im Spiegel
deines Käfigs/Waggons findest
du einen netten Gesprächspartner,
wenn du dir nur ganz viel Mühe gibst.

II

Der unstillbare Durst, in Anbetracht eines
bevorstehenden Spätsommertags,
wird an den Konsumtränken
beim Zwischenhalt
besänftigt.

Keine Eile während geplanter Reisen,
wenn alles durchdacht ist und keiner
da ist, der stören könnte, alles irgend-
wie im Gleichgewicht des Kosmos und
insgesamt ein Gefühl der Balance, dort:

irgendwo am Hagener Hbf.

III

Was ich sehe, ist tot,
sich anbahnender Herbst.
Die Sonne geht auf,
ich sitze im Zug, früh,
so früh,
dass es ungewöhnlich ist.

Die Leute gehen ihrer Wege,
steigen ein
und verlassen den Zug wieder.
Alles läuft still vor sich hin,
es ist
S
E
P
T
E
M
B
E
R
und der Monat
zieht sich dahin,
wie Kaugummi,
wie irgendetwas,
was als Vergleich
angebracht wäre.

Schwebebahn,
da erlebt man nochmal was Neues,
wer hätte das gedacht,
rhetorische Fragen
an einem Septembermorgen.

Die Menschen am Bahnsteig
sind seriös, was auch immer
das heißen soll, anders als sonst,
sie sind auf dem Weg zur Arbeit.
Vermutlich steht fast niemand
freiwillig so früh auf.
Das genügt mir als Beweis.

Hamburg, Altbau

I

Wie grausam wir zueinander sind,
im Alltag, im ganz Privaten,
in einer Wohnung mit Backstein,
im zweiten Stock,
mit Ausblick um die Ecke,

wo wir nun sind,
haben uns gegenseitig
ausgesucht,
verlangt,
beschlossen.

Wir sind Datenmüll,
Karteileichen.
Wir existieren
nur als Information,
aber auch nicht weniger,

wurden abgelegt im Archiv,
in einer 55-qm-Wohnung,
in einem Nest,
in Passivität,
zu zweit.

Wir verkleiden uns als uns selbst,
morgens vorm Spiegel,
in den hektischen Morgenstunden,
auf dem Weg in den Tag
auf den regennassen Straßen.

Wir kleiden uns an
und wieder aus,
immer zusammen,
doch alles andere
machen wir allein.

II

Finster dämmert der Abend vom Meer herüber
zu uns, in uns, um uns, durch uns, gegen uns,
wir halten ihn aus, ertragen ihn, wenn wir
zu zweit sind, eingesperrt auf 55 qm, wenn wir

ahnungslos sind, was morgen wird.
Wer weiß, ob man sich noch vertrauen kann,
wenn man sich selbst kaum noch vertrauen kann,
bevor man sich trauen kann, sich zu trauen

und selbst dann ...

III

Wie grausam wir zueinander sind
an verregneten Tagen,
wenn man auf einmal dasitzt,
ohne Ablenkung,
ohne Kaffee und Kuchen,

wenn wir wieder reden
oder eben nicht,
wenn wir uns wieder
auf den Zahn fühlen,
tut es weh.

Wir sind nur eins von vielen,
immerhin eins,
aber eben auch nur: eins.
Was bilden wir uns ein,
wie besonders wir sind,

an Spaziergehtagen,
an Gutelaunetagen,
an Wirstellenunszurschautagen,
an Wirfeiernunsselbsttagen,
an Wassinddieanderendochdooftagen

und plötzlich ist es ruhig
und wir sind zu zweit
und da ist wieder die Feststellung,

wie grausam wir zueinander sind,
wenn die Gedanken
die Ruhe verlieren, alles drunter
und drüber geht,
wenn Panik entsteht,

die Panik, nicht normal zu sein,
die Panik, sich nicht mehr zu genügen,
die Panik, sich (selbst) zu verlieren
(im anderen), die Panik, stumm zu sein,
wenn der andere spricht.

Da ist dann wieder der Sturm
vom Meer, von weit draußen
kam er her. Wir wohnen
zu nah daran.
Das merken wir,

wenn der Regen auf den Balkon fällt,
wir zusammenrücken, um uns in Gedanken
wegzustoßen, wenn wir tanzen,
doch nur im Kopf
und um einander herum.

IV

Genau so mein ich es
und genau so tut es weh.

Genau so ertrinken wir
im Regen auf dem Balkon,

in den kleinen Pfützen,
die kaum ein Nasenloch füllen.

Genau so reden wir
und genauso meinen wir es,

auch wenn wir nicht meinen,
dass wir es meinen,

dennoch:
Wir meinen es.

Generation irgendwas, dauerhaft geschädigt

Als man noch wenig kannte,
war die Welt in Ordnung,
heute ist sie ein Chaos,
zwischenmenschlich

grausam, eigentlich
ohne Absicht, so
etwas passiert
einfach so.

Dann ist alles schwer,
vor allem man selbst,
schwierig, schwer zu
verstehen im Herbst.

Dann liegst du da,
im Kosmos deiner
Couch, postmodern
und extrem zeitgemäß,

kannst keinen Vorwurf
machen, niemand ist
schuld, wenn über-
haupt: man selbst.

Generation irgendwas,
dauerhaft geschädigt,
innerlich zerstört, wenn
man doch nur etwas mehr

Überblick hätte,
doch daran mangelt es,
zwischen Tür und Frust-
feiern, ein kurzer Ein-

druck aus dem 21. Jahrhundert.

Wie viel Uhr?

I

Sie reden zu mir in Slow Motion
mit der tiefen Stimme eines
Lösegeldforderers am anderen Ende
der Leitung, wenn die Cops schon

mithören und Donuts essen,
auf den Teppich krümeln und
Ratschläge geben zur Kommunikation
mit dem Psychopathen am anderen

Ende der Leitung. Slow Motion,
wie das langsame Aufeinander-
zulaufen am Strand während
der Abenddämmerung beim

Verliebtsein, wie der Gleich-
gewichtssinn eines Seiltänzers
kurz vor Balanceverlust.
Der Magen wird flau,
flau, als wäre der Magen leer,

doch zu voll, zu sehr dazwischen,
aber das schwindende Bewusstsein
nimmt dem die Bedeutung,
langsames Wegdriften wie beim

Verlassen einer ordentlichen Straße
in der Wüste bei Nacht, ein
leichter Kontrollverlust, schnell
gemacht und durchgeführt.

(...)

Alles verschwimmt zu Harfenklängen
wie bei einer Rückblende im Film,
wenn die Kindheitserinnerungen kommen,

wenn man an einem altbekannten Ort ist,
im Sommerwind der Kindheit in Schwarz-Weiß,
orientierungslos und glücklich am Nachmittag.

Man weiß, die Rückblende geht vorüber,
aber das Zeitgefühl fehlt.

(...)

II

Ich stehe auf, ich habe
keine Ahnung, wie viel Uhr
es ist. Ich stehe auf, denn
im Traum hast du dich immer
weiter entfernt von mir.

Jetzt ist es wieder Realität
und der Herbst brüllt mich
an. Ich stehe am Fenster,
alleine, doch du bist in
meinem Kopf.

Du hast immer mehr gesagt,
was auf Abweisung schließen ließ,
dass du bereits reserviert
bist, was meine Vorstellungen
von einem UNS zerstörte.

Ich stehe auf, ich habe
keine Ahnung, wie viel Uhr
es ist. Ich schreibe das hier auf,
denn im Traum hast du dich immer
weiter entfernt von mir.

III

Es ist noch dunkel, also
kann es so früh noch
nicht sein. Niemand
geht an meinem Fenster
vorbei, niemand hat

das Licht angeschaltet,
niemand geht über die Straße,
niemand ist bei mir
und niemand sieht mich
in Shorts und T-Shirt.

Vor 5 Stunden bin ich nach
Hause gegangen, durch eine
leere Stadt, durch dunkle
Gassen, auch wenn es
schneller als erwartet ging,

war der Weg glitschig
durch Regen und stechende
Melancholie. Dann ging
ich schlafen und nun bin
ich wieder wach und stehe

am Fenster und da ist
noch immer niemand,
es ist noch immer dunkel.

IV

Jetzt ist es der nächste
Abend und der Nebel wird
wieder dichter. Es ist kalt
und die Decke ist zu kurz.
Über mir hat jemand Sex.

Ich schlafe wieder ein, nur
für ein paar Minuten. Ich
weiß nicht, wie spät es ist,
aber im Halbschlaf ist
alles egal, ich bin unsichtbar.

Stück für Stück glätten
sich die Wogen, spürbar
wie ein nachlassender Schmerz
beim Stoßen eines Zehs am
Bettpfosten − 20 sec danach.

Rolltreppe

Ich habe dich in meinem
peripheren Blickwinkel
gesehen.

Viel war nicht zu erkennen,
dennoch war ich tief
beeindruckt.

Ich habe noch 2 Stationen
an dich gedacht, wo du
wohl hinwillst,

was du dort wohl vorhast
und was wohl in deinem
Kopf vorgeht, dabei

war mir grade nicht nach
Denken zumute. Danach
habe ich dich vergessen.

Neutralität

Jetzt ist es 16:00 Uhr,
doch es wird schon dunkel,
als wäre es 22:00 Uhr,
und der Tag hat eine
eigenartige Neutralität,
Dienstag.

Diese gesetzte Bequemlichkeit

zeigt sich in schlechten Witzchen über das
jeweils andere Geschlecht, Anderslebende,
zeigt sich durch den Unverstand der Jugend,
durch das Vertrauen in Staat und System;

wird bedingt durch die Gespräche miteinander,
übereinander, gegeneinander, die Nachrichten,
die letztendlich auch nur Unterhaltung sind,
durch den üblichen Beziehungstratsch, Presse;

äußert sich im Belächeln von Andersgewandten,
im Die-Nase-Hoch-Gesinge, im Schützenfest,
letztendlich in der eigenen Verschrobenheit,
in dem Mangel an neuen, frischen Impulsen.

Wie fremd muss dir die Welt sein, du, der fern
der Freiheit ist, durch Auto-Waschen-Am-Sams-
tag, durch Konven- und Tradi-tion, irgendwie
auch das Namen-Falsch-Aussprechen;

wie ängstlich du sein musst, wegen der Welt,
die du nicht verstehst, die dich das Fürchten
lehrt mit all ihren Tätowierungen, Beat-Musik,
Untergrundkultur und mit der Minority;

so extrahierst du nur die Verpackung, die Ober-
fläche, die Unterhaltung, vergisst die Kunst,
das Anders-Sein, doch hast die Vernunft und
glaubst, uneingeschränkt im Recht zu sein;

mit deiner nie geänderten Meinung, denn bei
den meisten ist man auf der sicheren Seite,
fällt nicht auf, macht keinen Konflikt, denn dein
Sinn liegt in der Vermeidung jeden Ärgers.

Das Trocknen von Wäsche im Sommerwind

ist so herrlich normal,
dass man die Differenz
zwischen Normal und Anders
vergisst.

Ein Hund bellt in der Ferne,
die Umgebung ist nicht steril,
so wird es natürlich, echt,
bodenständig.

Die Natur besorgt den Rest
einer Arbeit, für die
eine Vorleistung erbracht
wurde.

Eine Katze streunt um die Stangen
der Wäscheleine, auf der Flucht
vor dem Hund, will keinen
Seiltanz machen.

Der Wind kommt von weit her.
Sonst gibt es nichts zu berichten
vom Trocknen der Wäsche
im Sommerwind.

Die Haltestelle des Ortes,
in dem du früher gewohnt hast

1. Der Urbane Automatismus

Da ist gerade niemand in der Stadt
und ausnahmsweise ist das gut.
Mein Weg wird nicht gekreuzt,

zieht sich durch gefertigte Straßen,
runter zur U-Bahn, eine Station
und wieder rauf, wie ein Automatismus.

2. Die Zugfahrt im Herbst

Ich sehe einen Zug in der Ferne
und steige ein.
Er fährt durch ein Nichts.

Da ist ein voller See,
das Wasser steht hoch,
nur 2 Personen rudern,

ein kleiner Wasserfall tost
und ein Brückenhaus
führt herüber.

Da ist eine Landschaft
rostroter Blätterbäume,
die von einem Güterzug

mit verblassten Farben
durchzogen wird.
Der Güterzug durchquert

nicht die Landschaft,
er gehört mit dazu.
Die Strecke sieht anders aus.

Da sind komische Menschen
am Streckenrand,
merkwürdige Passagiere,

rostrote Wälder,
ein Wechsel aus
Tradition und Industrie.

Da ist das Wort „Rothaarsteig"
und ich denke nach
über Etymologie.

Da ist die Haltestelle des Ortes,
in dem du früher gewohnt hast.
Ich fahre weiter.

Da sind Abstellgleise
und nur hier und da ein Mensch
an einem Arbeitssamstag.

3. Die Rückfahrt

Warum schlafen auf der Rückfahrt so viele.
Gibt es ein Gasleck? Die Haltestelle des Ortes,
in dem du früher gewohnt hast – jetzt
bin ich wieder daran vorbeigefahren.

Plötzlich lag Schnee

I

Plötzlich lag Schnee
und diese beißende Kälte
lag in der Luft

wie auch der Duft
von altem fremden
Zigarettenrauch,

wie ihn die Erwachsenen
damals auspusteten,
an den Straßenecken

auf dem Schulweg,
wenn man aus dem Bus
ausstieg und es merkte.

II

Da ist ein einsamer
Fußballplatz mitten in
einer Schneelandschaft,

völlig eingeschneit
und unbespielbar,
in einem Dorf, das

viel zu klein ist, als dass man
sich vorstellen könnte,
dass es eine eigene

Fußballmannschaft hätte,
irgendwo im Nichts,
wo man im Winter nicht

mal auf die Sporthalle
ausweichen könnte,
weil keine vorhanden ist.

Plötzlich lag Schnee
und diese stechende Kälte
lag in der Luft.

Der Maßstab der Tagesqualität

Du flatterst in einem kleinen Kreis
wie von Wand zu Wand.
Dann trinkst du vor Erschöpfung
aus einem kleinen Schlauche.
So vergeht der Nachmittag
und das Käfigabdecktuch
sorgt dafür, dass es Abend wird.
In der Stille denkst du nach:
Sind wir frei,
nur weil wir den Käfig nicht sehen?

Der Morgen kommt,
wenn das Tuch entfernt wird,
und so flatterst du wieder los
in deinen Alltag,
in dein altes Gefühl der Routinen,
die dir deine Sicherheit geben:
Mitnehmkaffee vom Bäcker,
die Rolltreppen rauf zur Arbeit,
dann Fahrstuhl, dann ein guter Tag,
weil nichts schiefgelaufen ist.
Das ist der Maßstab der Tagesqualität.

Periskop

Auf der Suche nach Zeitgenossen,
die sich des Lügens schämen,
sich dem Zeitgeist entziehen
und Luftschlösser bauen.

Auf der Suche nach dem Zeitgemaß,
dessen Zeichen an der Wand stehen,
das nicht greifbar in der Luft liegt
und ein kryptisches Weltbild malt.

Auf der Suche nach Treue,
die verschwunden scheint,
sich der Hektik fügen musste
und röchelnd am Boden liegt.

Auf der Suche nach Gedanken
in den Köpfen leerer Leute,
mit dem Mangel an Inspiration
und mit schwacher Begeisterung.

Auf der Suche nach dem Unverstand,
welcher der Ignoranz folgt,
sich ihr anbiedert in Abhängigkeit
und viele törichte Menschen formt.

Auf der Suche nach Vernunft,
die wieder auf sich warten lässt,
selten wie Trüffel
und Kritik.

Auf der Suche nach Leben,
das sich durch Freude erhält,
sich nicht selber aufgibt
und viral verbreitet.

Auf der Suche . . .

... nach einem lebenden Beweis

... nach einem toten Diktator

... nach einem trauernden Täter

... nach einem lachenden Opfer

... nach anderen Suchenden.

Glück

Wenn du aufstehst
und zur Frühschicht gehst,
den frühen Morgen siehst
und die leeren Straßen,
wenn fast alle noch schlafen
und die Welt nur dir gehört,
wenn der Mond sich grade schlafen legt,
wenn kein Gedanke dich stört,

ist das Glück?

Wenn die Polizei
dich einfach durchwinkt,
obwohl du etwas
zu verbergen hast,
wenn du einfach weitergehst
und sie hinter dir lässt,
wenn mit jedem Schritt
die Last von dir abfällt,

ist das Glück?

Wenn du eine Münze findest,
auf der Straße,
die sonst keinen interessiert,
wenn dir bewusst wird,
dass auch jemand anders
sie hätte finden können,
wenn *du* sie aber findest
und sie grade dringend brauchst,

ist das Glück?

Wenn du arbeitest
an etwas, was wichtig ist,
wenn du dir sicher bist,
dass es genau richtig ist,
dass es deine Aufgabe ist,
wenn du es einfach machst,
wie du es schon so lange wolltest,

ist das Glück?

Wenn du dich danach
völlig erschöpft zur Ruhe legst,
wenn der Tag erfolgreich war,
du keinem etwas schuldig bist,
nicht einmal dir selbst,
wenn alle Stricke halten
außer dem um deinen Hals,
wenn du dir völlig sicher bist,

ist das Glück?

Wenn du DANN aufstehst
und zur Frühschicht gehst

(. . .)

Sommerwind

Ich fühle mich zurückversetzt
wie in Zeitmaschinen-Filmen,
auf freiem Feld
und freien Wiesen,
irgendwo in der Provinz.

Nur ein Hauch von Sommerluft,
geschmackvoll und schwer,
durchbricht
den ländlichen
Geruch von Dünger.

Die Dichte der Briesen,
Sommerwind-Gefühl,
definiert die Tiefe
der Flashbacks
zurück in die Provinz.

Nur ein Hauch von Erinnerung,
an Gutes und Schlechtes,
gestaltet sich reumütig
in beide Richtungen,
wegen der Tiefe.

Eine Sommernacht ohne Bett,
ohne Decke und Kissen,
als ein Teil der Jugend,
die andere traumatisch
in Räumen verbrachten,

zusätzlich ein langer Weg,
durch Wiesen und Felder,
ohne Eile oder Ausdauer,
nur angetrieben
vom Moment.

So liegt ein grünes Land vor mir
und ich gehe hindurch,
an jeder Ecke halte ich
und es schmerzt,
wegen einer Frage:

War die Zeit verschwendet
oder ist sie nun verloren?
Beides ist augenblicklich da,
existiert im Kopf,
trotz Wohlbefinden.

So vergeht der Moment,
plötzlich durch Termine,
wird verdrängt vom Alltag,
der sich erbarmungsvoll zeigt,
als Teil eines Schutzes vor sich selbst.

Nostalgie
oder: Ein Musikvideo aus den 80ern

Die Affinität zum geschlossenen Kapitel
lässt das Alte besser erscheinen
und so beginnt ein neues Zeitalter
der Nostalgie und sie nennen es *Retro*.

Alte Videos, alte Gefühle, abgestaubt
und neu eingerahmt in ein modernes
Jetzt, dass sich kaum unterscheidet
von damals, von irgendwann, als alles

noch ein bisschen anders war, ein
bisschen schlechter und ein bisschen
besser, jetzt ist eben alles einfach
JETZT zu irgendeiner Zeit, an irgend-

einem Ort.

Halbschlaf

Aktueller Zustand: eine Halbschlafsituation,
die sich selbst erhält. Und du drehst dich.

Da oben räumt jemand Dinge über dir.
Und es stört dich. Du tust nichts,

bleibst liegen.

Du verschwendest einen Sommertag
mit dem Blick auf die Straßenschilder

an der Kreuzung vor dem Fenster.
Du starrst sie an. Bewunderst sie,

sie sind blau.

Die Demontage des Wettbewerbs

Fallende Träume ergeben ein
kristallartiges Schneemuster,
dreidimensional, eigen,
unkontrolliert, also nur in
geringem Maße berechenbar.

Die Demontage des Wettbewerbs
zeigt sich in der Kontrolllosigkeit,
in der Trägheit des Augenblicks,
als schöbe man alles auf, als schöbe
man alles vor sich her wie kleine
Schneeberge beim Schneeschüppen,
wenn man in Bahnen schüppt.

Auch hier gibt es Muster,
welche undurchschaubar sind,
in der Einfahrt mit den Mustern,
welche die Willkür nur vorgaukeln,
welche geschaffen wurden von den,
in den Tagesverlauf eingekuschelten,
winterschlafenden Menschentieren.

Hinterm Berg gehts weiter

Dort liegt ein Dorf im Tal,
umgeben von Bergen,
die leicht zu begehen sind.

Dort hat jeder seine Aufgabe,
weiß, was zu tun ist,
und alle sind gewissenhaft.

Da kommt ein Altbekannter
über den Berg,
zurück von einer langen Reise.

Alle warten in der Dorfmitte,
während er näher kommt,
plötzlich steht er da, aufgeregt,

in gewohnter Lebensgröße,
wie man ihn kennt,
dann lauschen sie seinen Worten:

Von weit, weit draußen
komm ich her.
Seht, wohin ich zeige:
eine Kurve über den Berg.
Da sind noch andre Dörfer,
dort ist ein Ausweg
aus dem Trott!
Sie leben anders.
Wie wir selbst leben
ist nicht in Stein gemeißelt!
Wo seid ihr?
Kommt aus den Häusern!
Hinterm Berg gehts weiter.
Hinterm Berg gehts weiter!

Von weit, weit draußen
komm ich her.
Hört, was ich euch sage:
mit stark belebtem Ton.
Sie leben in Bescheidenheit
und hetzen sich nicht ab.
Dort gibt es keinen Aufschwung,
nur Zufriedenheit,
sicher auch Schlechtes,
doch den Versuch wärs wert.
Wo seid ihr?
Kommt aus den Häusern!
Hinterm Berg gehts weiter.
Hinterm Berg gehts weiter!

Von weit, weit draußen
komm ich her.
Schmeckt das Süßwasser:
Es liegt in der Luft.
Dort draußen ist es immer,
nicht nur in Flaschen abgefüllt.
Dort riecht es dauerhaft
nach der großen, weiten Welt,
was manchmal nach Gefahr riecht,
so wie die Freiheit nun mal ist.
Wo seid ihr?
Kommt aus den Häusern!
Hinterm Berg gehts weiter.
Hinterm Berg gehts weiter!

Von weit, weit draußen
komm ich her.
Riecht die Luft von der See,
wenn man nur weit genug geht
und die Nase hoch hält,
wird man sie finden,
unweit von einer Straße,
sodass man nicht mal suchen muss,
eine Grenze gibt es nicht,
der Weg ist frei.
Wo seid ihr?
Kommt aus den Häusern!
Hinterm Berg gehts weiter.
Hinterm Berg gehts weiter!

Von weit, weit draußen
komm ich her.
Seht den Horizont
auf der anderen Seite
der Berge, die uns
eingrenzen und beschränken.
Es wäre nur ein kleiner Weg
über den Hang,
den wir anstarren,
seit Jahren schon.
Wo seid ihr?
Kommt aus den Häusern!
Hinterm Berg gehts weiter.
Hinterm Berg gehts weiter!

Von weit, weit draußen
komm ich her.
Sprecht mir nach:
Mein Horizont ist klein.
Das muss ich einsehen,
dann kann ich ihn erweitern.
Dort draußen ist er dauerhaft
in der großen, weiten Welt,
die manchmal eigen ist,
ein klassisches Wahrnehmungsproblem.
Wo seid ihr?
Kommt aus den Häusern!
Hinterm Berg gehts weiter.
Hinterm Berg gehts weiter!

Von weit, weit draußen
komm ich her.
Tut mir gleich:
Ich gehe los,
Meter für Meter,
ohne große Anstrengung,
einfach immer weiter,
bis ich wahrnehme,
was auf der anderen Seite der Berge ist.
Wo seid ihr?
Kommt aus den Häusern!
Hinterm Berg gehts weiter.
Hinterm Berg gehts weiter!

Der zweite Tag im Frühling

Der zweite Tag im Frühling
und man kann die Jacke offen tragen.

Jemand renoviert
bei offenem Fenster.

Etwas Bauschutt vernebelt die Straßen,
doch eigentlich ist es

nur etwas Schmutz auf der Brille.
Der zweite Tag im Frühling,

dabei ist noch Januar.
Und ich schreibe den Text

auf einer Rolltreppe zu Ende.
Es geht nach oben

und ich fange wieder
Sätze mit UND an.

29.12.

I

Ein reißender Bach,
ein See mit wenig Tiefgang,
so verträgt sich das Subjekt
mit der Situation
in erträglicher Stille,
in der Gegebenheit der Umstände,
in den immer tiefer werdenden Falten
des Seins.

II

Den Moment lasse ich unverfälscht,
keine Musik, keine Nachrichten,
nur ein Blick nach draußen in die Welt,
auf einen kleinen Teil von ihr,
der alles ist,
weils die Welt der nächtlichen Schwärze ist,
doch weil man sich auskennt, weiß man,
was dahinter ist.

III

Viel Platz, wenig Wettbewerb,
selbst die Industriewelten bieten Komfort.
Eine alternative Wahrnehmung der Welt,
derselben Realität im Äußeren der Wahrnehmung,
das Äußerste der Gefühle
an einem späten Septemberabend.

IV

Ein Holzzaun ohne Metall trennt
die Gleise von der Straße, trennt
den geleiteten Weg
von den autonomen Individuen.

Da ist nicht viel,
nur der Weg und
etwas vermischte Farbe,
etwas Poesie in einer prosaischen Welt.

So vergeht der Gedanke
und so bleibt das Wort
als das eine am Abend,
dem Gehör verschafft wird.

Den Moment lasse ich unverfälscht,
denn er gibt mir, was ich brauche,
und so brauche ich nicht viel.

Der Boden der Tatsachen

Und plötzlich war es Morgen,
so war das nicht geplant.
Matratze: zurück auf dem
Boden der Tatsachen.

Unveränderter Dinge
schleicht sich das Gemüt
durch den Morgen,
von Kaffee zu Kaffee.

Ich weiß nicht, wie viel Uhr es ist,
es ist irgendwann vor Mittag,
die Küche ist ein Aufenthaltsraum
und der Moment ist frei von Argwohn.

Oberfläche meiner Optik

Der Mann im Spiegel
hat nichts mehr gemein mit mir.
Er schaut mich an
und ich schaue zurück.
Er ist noch so wie früher,
doch ich nicht mehr.
Ist das sonst nicht umgekehrt?
Sprich zu mir, Oberfläche meiner Optik!
Werde ich dir noch gerecht?
Was sollen wir tun?
Lass uns eine Einigung treffen,
komm, wir einigen uns!
Du siehst so komisch aus,
so selten vertraut.
Wie ähnlich wir uns doch waren!
Lass uns über alte Zeiten reden
im Kaffeehaus oder besser gleich am See!
Wie glatt deine Oberfläche ist,
meine aber nicht.
So sind wir doch verschieden,
doch nur auf der Oberfläche.
Lass uns über Gemeinsamkeiten reden,
über das Gemeinsamerlebte,
aber erst muss ich zur Arbeit,
muss was schaffen,
danach können wir reden,
irgendwann.

Laufkundschaft

Inmitten alter Hausfassaden
liegt ein Weg aus Kopfsteinpflaster.

Darauf stehn Kisten aus Holz,
zum Markt herangebracht,
mit Obst, mit Beschriftung,
für die Laufkundschaft.

Wie habe ich mich hierher
verlaufen?

Das Kopfsteinpflaster
hat mich eingeladen,
hat mir den Weg gezeigt,
jetzt bin ich hier: am Markt.

Hamburg, Retrospektive:

Rote Blätter wehen durch das Viertel,
eine leichte Brise nur, nicht mehr,
danach durch den Hafen, dann um die Ecke
und schließlich wieder raus zur freien See.

Dort sind sie hergekommen, dort gehen sie
wieder auf See, wieder auf die
nackte See, dorthin, wo die Schiffe sind, schau!
Dort fahren sie in der Ferne, entlang am

Horizont.

In der Stadt, da tobt der Pöbel in den feinen
Restaurants an der Promenade,
in bester Lage, an der Küste entlang gelegen.

Der Abend verändert sich ohne ein Zutun,
auch er zieht aufs Meer hinaus,
zeigt sich nur in den stillen Momenten.

Horizont!

Wie weit du in der Ferne liegst, fang schon
mit Kitsch-Gerede an wie
die Närrischen.

Da ist jetzt nichts. Völlige
Bedeutungslosigkeit des Geschehens
wird hirnfotografiert in höchstauflösender

Qualität.

Sowas gibt es nicht so oft in der großen, weiten usw.
Morgen geht es wieder zurück,
die Koffer warten schon.

Qualität!

Der Aufenthalt war dem Preis entsprechend,
warten, um ein Trinkgeld zu geben.
Nichts zu bemängeln.

Das sogenannte Preisleistungsverhältnis
ist grundsätzlich als *gut* zu bewerten.
Das war die Geschichte
von der Fortwährigkeit
in Hamburg, im September 2009.

Und

(Ode an einen Karikaturisten)

so zeichnest du die Karikatur
einer amerikanisierten Gesellschaft:

lächerliche Fratzen, die sich ein Lächeln
abwürgen, um Wohlstand zu demonstrieren,

sie tanzen und sie lachen nur ein bisschen,
so viel wie eben geht, nicht mehr.

Und

so hebst du die Peinlichkeiten hervor,
die vielen, vielen Ekelbilder,

die du dafür zeichnen musst,
widern dich an, aber du musst sie zeichnen,

sogar noch kolorieren am Schluss,
aber vielleicht macht das der Verlag,

du hoffst drauf, denn du willst nicht,
willst dich nicht länger mit ihnen beschäftigen,

als es nötig ist. Es soll besser werden,
doch sie ergötzen sich nur daran,

erkennen sich wieder, fühlen sich bestätigt,
feiern ihren Unsinn, den sie weiterleben wollen.

Und

all die ekligen Details, die im Alltagsschein
verloren gehen, hebst du hervor,

das ist dein Job, wie der Amerikaner sagt,
und der Job muss erledigt werden.

Sie brauchen das und du brauchst es auch,
nur dass sie und du euch nicht versteht,

denn du meinst es als Kritik,
sie meinen es als Kompliment.

Warum sonst solltest du dich ihrer Charaktere
annehmen, sonst würdest du sie ignorieren

und

du tust es nur, weil du nicht anders kannst.
So kleisterst du weiter die Tinte aufs Papier,

als wäre da sonst nichts Wichtigeres,
und verzichtest sogar auf den Ruhm.

Ruhm

Da gehst du ein paar Meter
und mit den letzten Schritten
wirst du plötzlich erfolgreich.

Und dann benennen sie
eine Seitenstraße
nach dir – in der Provinz,

eine Seitenstraße,
die nur in den Wald führt,
also liest hier und da
ein Wanderer deinen Namen,

ein Wanderer auf
Müßiggang,
dessen Fußabdrücke
schon größer sind als deine.

Sonst bleibt nicht viel
vom Erfolg,
nur ein paar
beschmierte Zettel,

ein paar Trophäen
im Regal,
die allmählich
verstauben,
hier und da
ein paar
in die Luft gesprochene
Worte.

Herz und Hirn

Wenn für die Dauer eines Moments
das Vergangene zurückkehrt,
sich einnistet im Gemüt,
den Verstand vernebelt,

Zweifel weckt an der Idee,
dass inzwischen alles besser ist,
Herz und Hirn vereinnahmt
und das Fortleben stört,

wie 1000 Jugend-Flashbacks,
wie das Gefühl verpasster Chancen,
wie der Schmerz eines brechenden
Herzens, ausgelöst vom Sommerwind,

ausgelöst von Orten,
ausgelöst von einer Fülle
Erinnerungen an dich,
die unvermeidbar sind,

die sich aufdrängen
durch Gerüche, Farben, Bilder,
Geräusche, Szenen, Melodien,
dann denke ich an dich

und ob du glücklich bist,
dann fühl ich mich närrisch,
dann hats mich erwischt,
dann denke ich an viele,

doch vor allem an dich
und an jeden Moment,
bevor ich mich unbeliebt machte ...
... bei dir.

Kulisse um eine zertretene Getränkedose

Ich sehe eine
zertretene Getränkedose
am Hbf
im April.

Ich höre einen
einfahrenden Zug
im Hbf
im April.

Ich ertaste etwas
Kleingeld in meinen Händen
und zähle es,
stecke es weg.

Ich rieche einen
Sandwichwagen auf dem
Vorplatz,
Asphalt

und

ich frage mich,
warum der Hunger fehlt
im Frühjahr,
in der Schwebe.

Herbstabend am Freitag

In der Orientierungslosigkeit
eines Herbstabends am Freitag
rennst du durch den Raum
wie eine Fliege, die von Wand

zu Wand fliegt, und suchst
nach Ablenkung in einem
Raum voller Menschen, die
sich verbal abtasten, sich

gegenseitig die Belanglosig-
keiten verzeihen und nur
einen Moment gemeinsam
existieren, im Herbst, wenn

es früher dunkel wird.

Konservierungsstoffe

Lügen wir uns an, wenn wir uns sagen,
dass alles gut ist, wie es ist,
machen wir uns etwas vor, wenn wir
Eis essen gehen und darüber

reden, dass ein gutes Eis nicht als
Berg im Bottich liegen soll?
Der Berg würde keinen Bestand haben
ohne Konservierungsstoffe.

Limes

I

Ein blauer Abend
in Bonn
ohne viele Gedanken,
selbstzufrieden.

Ein Gespräch
am Marktplatz
in der Stadtmitte
vorm Hotel.

II

Sagt der Tag ade,
musst du heim,
weg von den Köpfen
vor der Kirche.

Ach, da, wo die
Römer waren
und man selbst
– weg vom Limes!

III

Lasse mein altes Leben
und meine
Fingernagelspitzen
in Bonn.

Einsamkeit

Und Einsamkeit ist,
wenn einer fragt *Ne?*

Und Einsamkeit ist wie Small Talk,
als hätte jeder fruchtbare Gedanke
grade Pause, sitzt im Kabuff
mit Kaffee und Brötchen
und die Werkstatt ist leer.

Ein übertrieben stilles *Hallo!*
hallt von Mund zu Ohr.

Vogel auf der Stange

I

Manchmal sitzt du auf der Stange
wie ein träges Vögelchen,
schaust auf die Welt, auf einen
nicht-repräsentativen Teil von ihr,

sie zeigt sich dir und du dich einsichtig,
gibst ihr deine Existenz und sie dir
eine neue Sicht, die den verstaubten
grimmigen Blick nimmt – einfach so,

doch dann schneidet ein Zug das Gebiet,
die Stille, aber nicht die Magie,
denn es ist Sommer und es ist einfach,
alles genügt sich, ereignet sich,

die Zukunft liegt in der nächsten Sekunde,
nicht weiter, gleich nebenan am Moment,
ergibt sich von alleine ohne ein Zutun,
da kann selbst ein Zug nicht stören

mit seinem Industrie-Sound im Beat
der Gleise, im Tonfall des Kapitalismus
– laut und brutal für das Gemüt, für die
Ruhe, den Müßiggang, für Herz und Hirn,

damit ist niemandem geholfen, doch nicht
dieses Mal, nein, denn die Magie ist standhaft,
stolz und stark, konstant und lässt sich
durch nichts aus der Ruhe bringen, no way,

denn nun regiert der Sommer auf der Stange,
ohne Ergebnisorientierung, ohne Zwang,
nur mit der Momenteinstellung, ohne den
gängigen stetigen Konformierungsdruck.

II

Vogel auf der Stange,
was denkst du grade,
wenn du schaukelst,
hin und her ohne Action,

nur zum Zeitvertreib:

Das bietet dir die Gehirnabschaltung,
(es macht sie möglich)
dazu eine leichte Beschäftigung.
So hast du einfach was zu tun

und fühlst den Tag.

III

Die Tragik der spießbürgerlichen Existenz
liegt weit über den Berg,
hinter den Zäunen, die auf der Wiese stehen,
weit hinter den wolkenweißen Schafen,

die existieren und ihrer Wege gehen,
wie Agenten im Chaosprinzip
in Weiß und in Slow Motion,
in Plüschig und in der Gegenwart.

Hier und da läuft ein Hund übers Feld
und um die Schafe herum, wie ein
Skiabwärtsläufer mit großen Ambitionen
und daher auch aufwärts.

Er kann sich etwas wichtig fühlen
und die Schafe lassen ihn.
So hat er die Illusion,
etwas Besonderes zu sein,

vielleicht sogar ihr Anführer und Hüter
der Ordnung und der Sitten,
auf dass die Schafe weiter ihrer
Wege gehen und sich in Acht nehmen,

doch zugleich ist er ihr guter Freund,
der ihnen nur Gutes will, wenn er
um sie herumläuft und sich abrackert,
auch wenn sie nie auf dumme Gedanken kämen.

Sie drehen keine krummen Dinger,
nein, sie hecken nichts aus.
Warum sollten sie auch?
Was gäbe es für Ambitionen?

IV

Und ich sitze hier
und male mein Bild
von der Stange aus,

von der Perspektive
der inneren Ruhe aus:
Beobachtungsmodus.

Und dabei ist mir vieles egal,
ich frage mich nicht mehr, warum,
und erfreue mich am Regelbruch.

Dabei war das Lyrische Du
in diesem Stück die ganze
Zeit ich selbst: Tada!

Wer hätte das gedacht,
wer ist jetzt das träge
Vögelchen auf der Stange,

welches auf die Welt schaut, auf einen
nicht-repräsentativen Teil von ihr?
Sie zeigt sich mir und ich mich einsichtig,

gebe ihr meine Existenz und sie mir
eine neue Sicht, die den verstaubten
grimmigen Blick nimmt, einfach so,

(. . .)

Man sagt,

... dass die
Dinge sind,
so, wie
sie sind.

... dass die
Dinge *gut*
sind, so, wie
sie sind.

Wie sollten sie
auch anders sein?
Sonst hätte man
sich ja geirrt.

Die kaputten Jalousien

Du wachst auf und vor dir liegt ein leeres Blatt,
ein leerer Tag, gestern schon auf den Tisch gelegt,
vorbereitet, formatiert, hoffnungsvoll angestarrt.

Die Ästhetik eines Morgens liegt dir vor, scheint
dir bewundernswert, als wäre alles neu, scheint
dir erstrebenswert im Angesicht des Weckers.

Durch den Spalt der kaputten Jalousien scheint
leise das Licht dieses Morgens und er scheint
durchaus freundlich zu sein, doch du scheinst

skeptisch zu bleiben, so wie du dasitzt, verharrst,
frühstückst, dir die Zeit vertreibst und wartest,
dass der Tag beginnt, dabei läuft er schon seit

ca. 4 Stunden und 35 Minuten. Aber wer weiß
das schon genau? Gestern wolltest du einen
Bankraub planen, als Zeichen gegen den

Kapitalismus, doch heute herrscht die Lethargie
auf dem Sofa, nichts mit Umverteilung heute,
heute nichts mit Robin Hood oder einem

Staatenlosen Helden, nur ein bisschen Dekadenz:
2 Kugeln Eis statt einer im Hörnchen, ein fettiges
Abendessen vor dem Fernseher des Vertrauens,

was ist bloß los, wenn man sich nicht bewegt
und der Tag langsam vergeht, weil man ihn
spüren kann und jede Sec ist sinnvoll genutzt,

ist am richtigen Platz, gut investiert, wenn man
so will, im Jargon der aktuellen Gesellschaftsform,
die sich Kapitalismus nennt, auch wenn manche es

polemisch finden, schließlich wollen sie so bleiben,
wie sie sind: Untertanen, alles andere würde die
Einsicht einer Lebenslüge beinhalten. Und so bleibt

mal wieder alles, wie es ist: unverändert und unver-
bessert, weil Robin Hood nur eine Geschichte war,
und das wird sie bleiben, weil ich nichts tue, und

weil ich nichts tue, tue ich nichts. Darauf läuft es
hinaus in den vielen, vielen Stunden auf dem Sofa,
in der sogenannten Komfortzone des Lebens, in der

Mitte einer postmodernen Gesellschaft, wie es schon
so viele gab. So geht der Tag zu Ende und so wird es
auch der nächste tun, ohne Bankraub ohne Helden-

ethos eines dieberischen Genies, ohne Glanz und Gloria
und die Verteilung an die Armen, mit nur ein bisschen
verstaubtem Bargeld im abgenutzten Portemonnaie.

Wie man sich Freunde macht

Manchmal ist es so ...

... als müsste man einfach da sein,
nur schweigen und zuhören,
nur ab und an nicken.
Wenn man selbst was sagt,
muss es fröhlich sein.

... als müsste man im Park liegen,
während andere arbeiten,
diese Grimmigen schief anschauen,
die wütend von der Arbeit kommen,
den Tag genießen, nicht nutzen.

... als müsste man ein Hippie sein,
anachronistisch, fern von heute,
aus Modegründen, zwangsweise frei,
um wenigstens eines zu haben,
was nicht hinterfragt werden muss.

... als müsste man nur wenig tun,
weil viel zu viel wäre,
ganz einfach eigentlich,
so macht man sich Freunde,
so kommt man an, an, an, an ...

Das höchste Maß des frühjahrlichen Freudentaumels

Das Aufschreiben von Gefühlen
beim Denken an das andere Ge-
schlecht im höchsten Maße des

frühjahrlichen Freudentaumels
führt zu einer Vielzahl an Kitsch-
gedichten, die in ihrer Summe ein

unangenehmes Liebesbild erzeugen.
Ich prangere das an, wehre mich mit
jeder Körperzelle dagegen, denn das

Bild diskriminiert das Nichtidealge-
treue. Es gibt ein Leitbild und schon
das ist das Problem. Ich freue mich

auf einen klaren Moment, in welchem
man erkennt, was genau sich nur auf-
grund der Gewohnheit hält. Dabei

stellt die Gewohnheit doch keine
Begründung dar. Sie ist nur das Wahr-
nehmen von dem, was dauerhaft ist.

Der Rausch und meine Beziehung zur Realität

I

Zu den unpassendsten Gelegenheiten, wenn
alle gerade glücklich waren, ekstatisch, dann
kam immer so ein Realist, der es wichtig fand,
etwas zu erwähnen, tja. Aber jetzt ist jetzt.

So war das damals und so ist es noch
heute, doch schau ich mich um, seh ich
die Rauschschwaden und das Lämpchen
vom Musikverstärkerapparat und das

ist eigentlich gar nicht so schlecht. Was
interessiert mich heute die vierte Wurzel
aus sechzehn, was interessiert mich heute
der Genitiv? Fotosynthese.

II

*Du scheinst ein Mann
von tadellosem Geschmack
zu sein,*

denke ich mir und
betrachte mich
im Spiegel.

Meine Selbstzufriedenheit
ist grenzenlos
und sprengt den Raum.

Ich überlebe
die Explosion
und warte ab.

III

Der Rausch geht zu Ende
und ich klammere mich daran,
frische ihn nochmal auf
und tauche zurück

in die traurig stille Realität,
die mich nun zurück hat
und sich freut, mich zu sehen.
Unsere Beziehung ist kompliziert:

IV

Manchmal betrüge
ich sie, manchmal
verzeiht sie mir,

ich war am Anfang
sehr zögerlich
gewesen und trotz-

dem haben wir zu
früh geheiratet, hätten
es noch langsamer

angehen sollen, hätten
es besser durchdenken
können. Ich verhalte

mich ihr gegenüber
eher devot, nehme
es, wie es halt

kommt, mein Traum
war es nicht, mein
Traum war eben

die Träumerei in
ihrer reinsten
Form, doch in der

Pubertät war sie
immer in unerreich-
barer Nähe gewesen,

war immer schon
etwas weiter
gewesen: frühreif.

An sie kam ich
nicht ran, doch
die Realität war

eben da und dann waren wir
einfach zufrieden miteinander.

Ein kultureller Sonntag im August

Der Gedanke zeigt keinen Fokus,
begibt sich nicht in das Bewusstsein
wie ein Flipperball im Automaten

einer Eissporthalle, gleich neben
der Eisfläche in einer Amüsement-
abteilung für die Unsportlichen.

Da blinken Lichter wie im Hobby-
casino, ein paar Spielautomaten tuten,
schlagen Alarm.

Da ist kein Platz für die philologischen
Wörter, kein Platz für die Musik,
denn alles müsste verwaltet werden,

in vielen, vielen kleinen Stunden,
die fern des echten Lebens sind, manche
würden es als Perfektionismus abtun,

doch da sind nur Glücksritter,
die auf 3 goldene Zitronen warten,
als gäbe es nur den Moment.

Die Sprache zur Lyra
ist zu Tisch, hat grad Sendepause,
solange der Flipperball tickert.

Die Ballade vom Schreibstift

Jetzt werd ich wieder aufgefüllt.
Er schreibt schon wieder.
Seine schwitzenden Hände
machen mir zu schaffen.
Dann kaut er auf mir rum.

Er beißt so fest,
zieht mich über das Papier.
Danach werde ich in eine
dunkle Tasche gesteckt
und vergessen.

Er würdigt mich nicht genug.
Sicher sagen das viele,
aber wirklich: ER WÜRDIGT
MICH EINFACH NICHT GENUG.
Schon hart, so ein Leben.

Ich glaube, er weiß nicht mal,
welche Farbe ich habe.
Manchmal stecke ich wenigstens
in seiner Hemdtasche, manchmal
sogar zusammen mit einem Freund.

Düsseldorf, Ausstieg rechts,

die Stadt riecht nach Nebelmaschine.
Lautsprecherdurchsagen,

mehrere zur gleichen Zeit,
nur schwer verständlich.

Spätsommerwind
wie das tiefe Durchatmen

nach einem Allergieanfall
ohne eine Neureizung

der Nasenwände,
das Gefühl des Wiederbergaufgehens.

Lautsprecherdurchsage:
kchxkchx ... Alles ist in Ordnung!

2 Tonaufzeichnungen

Notiz 1

Der Blick aus dem Fenster
durch kahle Bäume auf Autos,
die vorbeifahren, erfreut.

Das Zwitschern der Vögel,
kaum zu überhören,
läutet etwas ein,
man weiß nicht, was.

Ein Blick aus dem Fenster
durch ungeputzte Scheiben
ist immer noch klar genug,
um den Morgen zu erkennen.

Das Rauschen der Autos untermalt
das Zwitschern der Vögel,
klingt bedrohlich,
industriell, doch nimmt langsam ab.

Ein Sonnenuntergang
vor dem Fenster,
der den Tag einrahmt,
leitet die Kühle der Nacht ein.

Ein Blick aus dem Fenster
hinüber zu anderen Häusern,
Fernseher flimmern
aus ihren Fenstern hinaus.

Licht in Wellen, wie auch sonst,
zeigt sich spärlich
und ist kostbar
in seiner Seltenheit.

Die Abwesenheit von Schatten
malt einen Abend,
postimpressionistisch,
mit Tupf-Technik,

als wäre da grade nichts anderes,
eben nur ein Abend ohne Etappen,
als wäre da nur ein einziger Moment,
in dem die Welt verharrt.

Stadtgespräche klingen
durch das offene Fenster,
man versteht kein Wort,
nur den Tonfall.

Akustik in Wellen, was sonst,
verbindet, spendet Kontakt
und ist spärlich gesät.

Die Abwesenheit von Stille
betont den Moment,
darum zeichne ich die Stille auf,
fotografiere den Schatten,

weil auch sie etwas sagen und zeigen.
Wenn Musik keine Pausen hätte,
wäre sie wertlos durch Omnipräsenz,
durch dauerhafte Beschallung,

durch die Abwesenheit von Seltenheit,
durch Überfluss.
Dann ist da eben nichts
und die Gedanken füllen das Band.

So vergeht auch dieser Tag,
danach der Abend,
die Nacht vergeht wie im Schlaf,
so zirkulieren die Emotionen,

Tag für Tag,
immer weiter,
sodass selbst die Abwesenheit
von Licht und Schall etwas Gutes zeigt.

Notiz 2

Ein flüchtiger Blick
aus dem Fenster
durch immer noch
kahle Bäume
erfreut.

Die Korrektur
der eigenen Gedanken,
während sie auf Band gehen,
gestaltet sich schwer,
doch nimmt Gestalt an.

Viel zu schnell
sind sie aufgezeichnet,
zeigen sich in Wellen,
sind viel zu unmittelbar,
um Perfektion zu erreichen.

Und das genügt,
man kommt damit klar,
stellt sich selbst auf *Zufrieden*,
spricht weiter auf das Band,
als wäre es das Wichtigste

auf der Welt,
so entsteht dein Manifest
mit der fehlenden Form,
einfach nur so, ohne Mühen,
ganz von selbst.

So füllt sich ein Band
und danach ein anderes,
so überlebt alles,
was du auf Band sprichst,
und wird zu deinem Hauptwerk.

Ganz ohne Qualifikation,
ganz ohne Glanz und Gloria,
nur eine Aufzeichnung,
nur Momentaufnahmen,
eine nach der anderen.

Schreibprozess

Klick... Klack... Klick... Klack...
... Klick:
ch – chch – ch- chch – chch,
chch – chch – ch – chch – ch.
Klick... Klack... Klick... Klack...
... Klick:
f – ff – f – ff – ff,
ff – ff – f – ff – f.
Klick... Klack... Klick... Klack...
... Klick:
chhhhhhhhhhhhhhhhhhhhhh,
chhhhhhhhhhhhhhhhhhhhhh.
Klick... Klack... Klick... Klack...
... Klick: Klack!

Zu zweit auf einem Ruderboot

Zu zweit auf einem Ruderboot
auf dem Nebelsee.

Warum wolltest du hierher
mit mir? Wieso?

Hier ist niemand außer uns,
kein Mensch, kein Zeuge

kreuzt unseren Weg
im Nebel, auf dem See.

Wie lange hast du das
eigentlich geplant,

seit wann stand unser Ausflug
auf dem Kalender

am Kühlschrank, wie lange
denkst du schon darüber nach?

Oder war es ein Spontaneinfall
auf einem Ruderboot im Nebel?

Brauchst du bedrohliche Musik,
soll ich einen Dialog beginnen,

so, wie solche Situationen
sonst beginnen im Film?

Oder willst du es einfach
hinter dich bringen?

Jetzt ruderst du wieder zurück
und ich bin fast schon enttäuscht.

Billardabend

Ein Moment wie ein Billardabend
mit unbeschränktem Budget.
Die Nacht hat ein offenes Ende
und die Gedanken checken in
ein Motel ein.

Sie sind in Autos angereist,
sind lange unterwegs gewesen.
Der Mond scheint auf die Karossen,

während die Gedanken die

Zimmer beziehen.

Die Autos kreisen nicht mehr,
sie stehen auf dem Parkplatz.
Dort finden sie etwas Ruhe,
die sie bitter nötig haben.

Man nimmt sich, was man braucht,
und nun brauchen sie den Schlaf,

damit sie wieder kreisen können,
wenn man sie wieder braucht.
Ohne sie ist vieles möglich

am Billardtisch und anderswo:

Die Bedienung kommt an den Tisch
und die Getränke gehen aufs Haus.
Die Getränke sind nicht zeitgemäß,

denn es ist Freitagabend
und heiße Schokolade
steht auf der Fensterbank.
Der Dezember spielt eine

Rolle dabei,

als wäre man noch etwas auf,
während die anderen im
Winterschlaf sind,
doch was soll der Geiz?!

Hoch oben

Fühlst du dich am Puls der Zeit,
wenn du über Häusern sitzt,
hoch oben auf den Dächern,
wenn die Luft schon etwas dünn

wird? Der Wind zerwirbelt dein
Haar, fühlst du es nun? Fühlst
du es, wenn du hinunterschaust
in die Häuserschluchten, oder

muss dein Blick gleiten, waagerecht
über die Dächer, unter denen sie
leben, arbeiten und schlafen?
Du denkst nicht wirklich

darüber nach und
bleibst gespannt,
wohin der Blick

als Nächstes geht,
damit die Nacht noch
klarer wird. Fühlst du dich
am Puls der Zeit, wenn du die
Lichter siehst? Wenn du siehst,
wie chaotisch und willkürlich sie
sind. Siehst du auch in den tieferen
Sinn, der leuchtet und strahlt in einer
beruhigend schwarzen Nacht und
angenehm gebrochen wird vom
Licht? Wie fühlt es sich an
hier oben, wo die Welt
noch übersichtlich
scheint?

Zeig es
mir durch
deine Augen,
wenn es dir nur
möglich ist! Zeig
es mir! Dort, wo es
keine Rolle spielt,
dass auch Licht
von der Reklame
kommt, so weit oben

sitzt man gut, damit die
Nacht noch klarer wird.

Dort, wo die Menschen
nichts mehr wissen ...

Dort, wo die Menschen
nicht mehr wissen, wo
und wie
und woran
sie sich festhalten sollen,
tröpfeln leise
Ideen auf den Asphalt,
die es nur noch aufzuheben
gilt.
Dort, wo die Häuser
nur noch grobe Vorschläge sind, wo
und wie
und wann
man sich aufhalten soll,
variiert der Wohnort
oft und schnell,
sodass man kaum noch reisen
muss.
Dort, wo die Gedanken gesammelt werden, in
und auf
und durch
die Kaffeehäuser,
die Jazzclubs,
die die Ideen in Schrift und Musik
umwandeln.
– Die Transzendenz der Gedanken.
– Man erstellt Manifeste durch sie
und mit ihnen
und aus ihnen
zur Schaffung einer
neuen Welt.

Extrablatt

Ist dein Bild von mir nicht gut,
bist du ein schlechter Fotograf.
Das tut mir wirklich leid für dich,
ist bestimmt nicht immer leicht.

Ich traue dir nicht, wenn du schläfst,
weil du dann träumst,
während ich die Realität verwalte
in kleinen, kleinen Schritten.

Die Wut verblendet den Verstand
und sie ruht ganz tief in dir.
Manchmal kommt sie dann hervor
und verwuselt deine Logik.

Ein Tag wie eine Sonderausgabe.
Extrablatt: Alles ist in Ordnung!
Wie sollte es auch anders sein?
Sonst hätten wir ja gelogen.

Ein Fund

Vielleicht wird dieser Text
in den Höhlen irgendeiner
Wüstenstadt gefunden, etwas
außerhalb der Stadtmauern,

wenn vieles längst seine
Gültigkeit verloren hat. Sie
werden sich fragen, was los
war, damals, gestern. Dann

holen sie die Schriftrollen
aus den Porzellanvasen und
holen ihre Philologen. Da
liegt kein Irrtum vor, das ist

nur der Prozess der Geschichte,
denn alles Mehr- oder Minder-
Relevante verschwindet in den
Berghöhlen, in 1000 Jahren

werden sie dann gefunden,
vielleicht. Dann müssen sie
rätseln, die Gelehrten, mor-
gen in der Zukunft, wenn

die Papierrollen vorsichtig
transportiert wurden, lang-
sam in die Labore, um zu
prüfen, ob es wichtig ist,

was geschrieben steht. Dann
diskutieren sie wie die Irren,
weil sie nicht verstehen, was
dort steht auf den vielen

Metern Text, auf den vielen
Rollen Papier, die vor 1000
Jahren niemanden wirklich
interessiert haben.

Musik von weiter weg hören

Die Ignoranz der oberflächlichen Frequenzen
spendet einen guten Bass.
Dann hast du *the soundtrack of the moment*.
Ein großartiges Gefühl.
Der Traum fängt an,
doch die Realität ist noch da,
allgegenwärtig, wie der Moment,
jetzt liegst du da und denkst,
mehr nicht.
Pünktlich gegen acht
wird es dunkel,
aber wegen der Regenwolken.
Zum Glück weht es vorbei,
so, wie die Leute an dir
als Teil des Inventars.
Der Beat verläuft
entlang der Zeit,
deckt sie ein
in einen Mantel.
Wenn man sich nicht bewegt,
beachten einen die Leute nicht,
langsam wird es dunkler.
Manche gingen durch den Park
vor circa einer Stunde
und kommen nun wieder zurück.
Vielleicht ist es Zeit zu gehen.

Weise Männer sagen:

Für einen guten Song brauchst du
ein tiefes Leiden,
doch Bochum ist nicht Chicago
und auch Düsseldorf ist es nicht.

Keine qualmenden Lüftungsschächte
und niemand singt den Blues darüber.
Und in Düsseldorf hebt jemand
Geld ab, während man die Szene

sucht.

(. . .)

Beim Kürzen eines Textes

Beim Kürzen eines Textes
kürzt man meist zuerst
die Adjektive.

Das sagt ziemlich viel aus
über den Zustand der
Welt.

Da ist kaum mehr zu sagen
als nur, dass sie ent-
behrlich sind.

Improvisation II

Wenn
gedankenverlorenes Grübeln
aus dunklen Zimmerhöhlen
zum Laster wird,

einen Nachteil bildet
und zum Handicap wird,
erteilt man sich selbst Lektionen,
vergibt sich dabei selbst am Schluss,

doch zweifelt dran,
fängt wieder damit an,
wieder und wieder
wie in einem Loop.

Wenn
gedankenverlorenes Grübeln ...